1 MONTH OF
FREE
READING

at
www.ForgottenBooks.com

By purchasing this book you are eligible for one month membership to ForgottenBooks.com, giving you unlimited access to our entire collection of over 1,000,000 titles via our web site and mobile apps.

To claim your free month visit:
www.forgottenbooks.com/free1044922

ISBN 978-0-364-64880-3
PIBN 11044922

Sammlung Göschen.

Unser heutiges Wissen
in kurzen, klaren,
allgemeinverständlichen
Einzeldarstellungen. 80 Pf.
Jede Nummer in elegantem Leinwandband

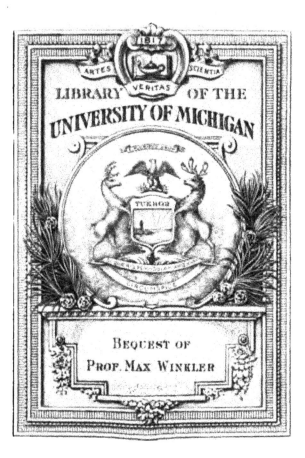

Z
Gel
eige
allg
inte
wir
kom
die
auf
schr
jede
Jed
den
mit
vorl
Dai
·
titol
Mei
We
scha

gebil-
ig in
inem
nach
fich
feits,
värts
t nun
gmen,
Fort-
einer
rung.
aber
gange
endet
elnde

Repe-
aue
ktiver
Viffen-
nd.

Sammlung Göschen. Je in elegantem Leinwandband 80 Pf.

G. J. Göschen'sche Verlagshandlung, Leipzig.

Verzeichnis der bis jetzt erschienenen Bände.

Akustik siehe. Physik, Theoret., I.

Algebra siehe: Arithmetik.

Alpen, Die, von Prof. Dr. Rob. Sieger. Mit vielen Abbildungen. Nr. 129.

Altertümer, Die deutschen, von Dr. Franz Fuhse. Mit vielen Abbildungen. Nr. 124.

Altertumskunde, Griech., von Prof. Dr. Rich. Maisch und Dr. Franz Pohlhammer. Mit 9 Vollbildern. Nr. 16.

Altertumskunde, Römische, von Dr. Leo Bloch. Mit 7 Vollbildern. Nr. 45.

Analysis, Höhere, I: Differentialrechnung. Von Dr. Frdr. Junker. Mit 63 Fig. Nr. 87.

— — II: Integralrechnung. Von Dr. Frdr. Junker. Mit 87 Fig. Nr. 88.

— Niedere, v. Dr. Bened. Sporer. Mit 6 Figuren. Nr. 53.

Anthropologie siehe: Menschliche Körper, Der.

Arithmetik und Algebra von Prof. Dr. H. Schubert. Nr. 47.

— — Beispielsammlung von Prof. Dr. H. Schubert. Nr. 48.

Astronomie. Größe, Bewegung u. Entfernung der Himmelskörper von A. F. Möbius, neu bearb. v. Prof. Dr. W. Wislicenus. Mit 36 Abbild. u. einer Sternkarte. Nr. 11.

Astrophysik. Die Beschaffenheit der Himmelskörper. Von Prof. Dr. W. F. Wislicenus. Mit 11 Abbildungen. Nr. 91.

Aufsatz-Entwürfe v. Prof. Dr. L. W. Straub. Nr. 17.

Baukunst, Die, des Abendlandes von Dr. K. Schäfer. Mit 22 Abbildungen. Nr. 74.

Bewegungsspiele v. Prof. Dr. E. Kohlrausch. Mit 14 Abbild. Nr. 96.

Botanik siehe: Nutzpflanzen, — Pflanze, — Pflanzenbiologie, — Pflanzenreich.

Brant siehe: Sachs.

Buchführung. Lehrgang der einfachen und doppelten Buchhaltung von Oberlehrer Robert Stern. Mit vielen Formularen. Nr. 115.

Burgenkunde von Hofrat Dr. O. Piper. Mit 29 Abbild. Nr. 119.

Chemie, Allgemeine und physikalische, von Dr. Max Rudolphi. Nr. 71.

— Anorganische, von Dr. Jos. Klein. Nr 37.

— Organische, v. Dr. Jos. Klein. Nr. 38.

Cid, Der, siehe: Herder.

Dichtkunst siehe: Poetik.

Dietrichepen siehe: Kudrun.

Differentialrechnung siehe: Analysis, Höhere, I.

Elektrizität siehe: Physik, Theoretische, III.

Ethik von Prof. Dr. Th. Achelis. Nr. 90.

Fischart, Johann, siehe: Sachs

Formelsammlung, Mathematische, und Repetitorium der Mathematik, enth. die wichtigsten Formeln und Lehrsätze der Arithmetik, Algebra, algebraischen Analysis, ebenen Geometrie, Stereometrie, ebenen und sphärischen Trigonometrie, mathemat. Geographie, analyt. Geometrie der Ebene und des Raumes, der Differential- und Integralrechnung von Prof. O. Th. Bürklen. M 18 Figuren. Nr. 51.

Forstwissenschaft von Prof Ad. Schwappach. Nr. 106.

Fremdwort, D., i. Deut von Dr. Rud. Kleinpaul.

Sammlung Göschen. Je in elegantem Leinwandband 80 Pf.

G. J. Göschen'sche Verlagshandlung, Leipzig.

Geodäsie von Prof. Dr. C. Reinhertz. Mit 66 Abbild. Nr. 102.

Geographie, Mathemat., zusammenhängend entwickelt und mit geordneten Denkübungen versehen von Kurt Geißler. Mit 14 Figuren. Nr. 92.

— **Physische,** v. Prof. Dr. Siegm. Günther. Mit 32 Abbildungen. Nr. 26.

— siehe auch: Länderkunde.

Geologie von Dr. Eberh. Fraas. Mit 16 Abbild. und 4 Tafeln mit über 50 Figuren. Nr. 13.

Geometrie, Ebene, von Prof. G. Mahler. Mit 115 zweifarbigen Figuren. Nr. 41.

— **Analytische, der Ebene** von Prof. Dr. M. Simon. Mit 57 Figuren. Nr. 65.

— **Analytische, d. Raumes** von Prof. Dr. M. Simon. Mit 28 Abbildungen. Nr. 89.

— **Projektive,** von Dr. Karl Doehlemann. Mit 57 zum Teil zweifarbigen Figuren. Nr. 72.

Geschichte, Deutsche, im Mittelalter von Dr. F. Kurze. Nr. 33.

— **Französische,** von Prof. Dr. R. Sternfeld. Nr. 85.

— **Griechische,** von Prof. Dr. H. Swoboda. Nr. 49.

— **des alten Morgenlandes** von Prof. Dr. Fr. Hommel. Mit 6 Bildern und 1 Karte. Nr. 43.

— **Oesterreichische, I:** Von der Urzeit bis 1526 von Prof. Dr. Frz. v. Krones. Nr. 104.

— — **II:** Von 1526 bis zur Gegenwart von Prof. Dr. Frz. v. Krones. Nr. 105.

— **Römische,** v. Dr. Julius Koch. Nr. 19.

— **Sächsische,** von Rektor Prof. Dr. L. Kaemmel. Nr. 100.

— **der Malerei** siehe: Malerei.

Geschichte der Musik siehe: Musik.

— **der deutschen Sprache** siehe: Grammatik, Deutsche.

Gesundheitslehre siehe: Menschliche Körper, Der.

Götter- und Heldensage siehe: Mythologie.

Gottfried von Straßburg siehe: Hartmann von Aue.

Grammatik, Deutsche, und kurze Geschichte der deutschen Sprache v. Dr Otto Lyon. Nr. 20.

— **Griechische, I:** Formenlehre von Prof. Dr. Hans Meltzer. Nr. 117.

— — **II:** Syntax von Prof. Dr. Hans Meltzer. Nr. 118.

— **Lateinische,** von Prof. Dr. W. Botsch. Nr. 82.

— **Mittelhochdeutsche,** siehe: Nibelunge Nôt.

— **Russische,** von Dr. Erich Berneker. Nr. 66.

— siehe auch: Russisch. Gesprächsbuch, — Lesebuch.

Graphischen Künste, Die, von Carl Kampmann. Mit 3 Beilagen und 40 Abbild. Nr. 75.

Harmonielehre von Musikdirekt. A. Halm. Mit vielen Notenbeispielen. Nr. 120.

Hartmann von Aue, Wolfram von Eschenbach u. Gottfr. von Straßburg. Auswahl aus den höf. Epos von Prof. Dr K. Marold. Nr. 22.

Heldensage, Die deutsche, von Dr. O. L. Jiriczek. Mit 8 Tafeln. Nr. 32.

— siehe auch: Mythologie.

Herder, Der Cid. Herausgegeb. von Dr. E. Naumann. Nr. 86.

Hutten siehe: Sachs.

Integralrechnung siehe: Analysis, Höhere, II.

Fortsetzung auf der vierten Vorsatzseite!

Sammlung Göschen

W4?

Deutsche

Litteraturgeschichte

des 19. Jahrhunderts

von

Carl Weitbrecht

Zweiter Teil

Leipzig

G. J. Göschen'sche Verlagshandlung

1901

Druck von Carl Rembold & Co. in Heilbronn.

Inhalt des zweiten Teils.

————

	Seite
Vierter Abschnitt: Der poetische Realismus	5
Sein Wesen	5
Seine Hauptvertreter: Fr. Hebbel	10
O. Ludwig	21
H. Kurz	25
G. Freytag	29
Jeremias Gotthelf	36
Gottfried Keller	37
C. F. Meyer	50
W. Jordan	57
Verwandte Geister	68
Fünfter Abschnitt: Nationale Einigung und geistige Entartung	91
Vorzeichen der Entartung	91
Der Krieg und die Kriegspoesie	98
Der Ausbruch der Entartung	102
Anzengruber und andere Gesundgebliebene	113
Sechster Abschnitt: „Die Moderne"	122
Pessimismus und Socialismus	122
Die „Litteraturrevolution"	130
Der Naturalismus und seine ausländischen Muster	134
Nietzsche	143
Bemerkenswerte Einzelerscheinungen	147
Schluß	168

Vierter Abschnitt.

Der poetische Realismus.

Während sich in der Geibel'schen Richtung die Rückkehr von der Aufgeregtheit und Tendenz in der Litteratur zur ruhigen Pflege poetischer Formkunst vollzog, entfaltete sich auch der poetische Realismus zu besonders kräftigen und charakteristischen Leistungen. Etwas schlechtweg Neues war er ja keineswegs, irgendwie war er in aller bedeutenden Poesie dagewesen, schon am Anfang des Jahrhunderts hatte er sich bei Heinrich von Kleist und anderen in besonders deutlicher Weise gezeigt; jetzt aber gewann er mehr als früher einen bestimmenden Einfluß auf die Weiterentwickelung der deutschen Poesie. Auch der Name wurde ihm jetzt von einem seiner namhaftesten Vertreter, von Otto Ludwig geschöpft. Vorläufig gewannen und behielten freilich die Münchener die Vorherrschaft für die Zeit bis nach 1870; nur langsam und ungleich, zum Teil erst im letzten Viertel des Jahrhunderts, sind die Dichter zur Geltung gekommen, die man unter dem Namen der poetischen Realisten zusammenfassen kann und in der oder jener Zusammenstellung in diese Bezeichnung gefaßt hat: Hebbel und Ludwig, Hermann Kurz, Freytag, Keller und Wilhelm Jordan gehören, jeder in seiner Art, hieher, und

um Gottfried Keller stellen sich einerseits Jeremias Gotthelf, andererseits C. F. Meyer, obwohl jener ziemlich
älter, dieser erst in den siebziger Jahren eigentlich in die
Litteratur eingetreten ist. Außer Jordan hat keiner das
Ende des Jahrhunderts erlebt; ihrer Geburt nach gehören
die meisten dem zweiten Jahrzehnt des Jahrhunderts an,
ihre jugendlichen Anfänge fielen noch in die Zeit zwischen
den Revolutionen, aber vom herrschenden Geist dieser Zeit
war ihre Poesie zwar anfangs nicht unberührt, doch nicht
tiefer und auf die Dauer beeinflußt, und die Zeit ihres
reifsten Schaffens war dieselbe, in der die Münchener
obenan waren. Sie bildeten jedoch nicht eine Gruppe
von einer gewissen Geschlossenheit oder gar äußeren Zu-
sammengehörigkeit wie die Münchener, es waren vielmehr
durchaus für sich selbst bastehende, man kann sogar sagen
vereinsamte Dichterpersönlichkeiten, zum Teil kantige,
knorrige oder gar eigensinnige Naturen. Jeder ging, unbekümmert um die anderen, unbekümmert gar um die Ansprüche irgend einer herrschenden Richtung lediglich den
Weg, den ihm seine Individualität wies, einige rangen
oft hart und schwer mit dieser eigenen Individualität und
mit der ihnen gegenüberstehenden Welt, und die gemeinsamen Züge, die sie dennoch aufweisen, könnte man zu-
fällig nennen, wenn nicht auch in solchen scheinbaren Zu-
fällen eine geheime Notwendigkeit der Geistesgeschichte
steckte, die in verschiedenen Individuen zu gleicher Zeit
wirksam sein kann, ohne daß diese Individuen selbst bloße
Produkte des Zeitgeistes wären. Eben das starke individuelle Naturell war es, was diese Dichter in andere Beziehung zu ihrer Zeit setzte als die Tendenzpoeten oder
die Münchener oder die Neuromantiker; und das Gemein-

same, was sie zugleich aufs bestimmteste von der Geibel=
schen Richtung schied, war das: die Kunstform war ihnen
nicht das Erste und Wichtigste, geschweige denn Selbst=
zweck, vielmehr der Gehalt war ihnen das Erste, wie er
als erlebter Inhalt der eigenen bedeutenden Persönlich=
keit nach Aeußerung drängte — gleichviel, wie dann diese
Aeußerung formell ausfallen mochte. Sie vertrauten als
Dichter ruhig darauf, daß dieser Gehalt innere Triebkraft
genug haben werde, um sich irgend eine und zwar die
einzig gemäße Form zu schaffen. Deswegen waren sie
auch nicht unter allen Umständen auf formale Schönheit
aus — sie suchten zunächst das Charakteristische und Lebens=
wahre und ließen es darauf ankommen, ob es möglich
sei, ihm zugleich die formale Schönheit abzugewinnen.
Dabei waren sie aber weit entfernt, Formstrenge und
Formschönheit zu verachten oder gar den lächerlichen
Schlachtruf zu erheben: „Wahrheit, nicht Schönheit!“ —
sie mühten sich vielmehr heiß um die Form, trachteten
nach ihrer möglichsten Vollendung so ernst wie nur irgend
ein Münchener, und wo sich irgendwie das Charakteristische
und Wahre zum Schönen erhöhen ließ, waren sie mit gan=
zem Herzen dabei und dankten Gott dafür. Nur daß sie eben
nicht in erster Linie darauf ausgingen, „das Schöne zu bil=
den“ — so wenig sie andererseits die Vorliebe fürs Häßliche
und Brutale teilten, durch welche sich der naturalistische
Realismus am Ende des Jahrhunderts eine Zeit lang
Göttern und Menschen verhaßt gemacht hat. Und ferner
war auch ihr Verhältnis zum Stoff nicht ausschließlich
von dem Gesichtspunkt bestimmt, daß der Stoff überhaupt
künstlerischer Formung zugänglich sei, sondern auch da=
von, welche Beziehungen ein Stoff, und sei er im übrigen

noch so entlegen, zum Leben und Ringen der Gegenwart
und Zukunft gewinnen kann, nicht zu flüchtigen Tages=
tendenzen freilich, aber zu den tieferen Lebensfragen der
Nation. Dabei wurde die Wiedergabe der realen Wirklich=
keit, so wichtig sie im einzelnen werden konnte, doch
nicht Selbstzweck, so wenig als die äußere künstlerische
Formung; beides blieb vielmehr als Mittel im Dienste
dessen, was die poetische Persönlichkeit von ihrem Gehalt,
von sich und der Welt zu offenbaren hatte.

Will man das alles „poetischen Realismus" nennen,
so trifft der Name Realisten auf die in Frage stehenden
Dichter ohne weiteres zu. Nur ist bei diesem vielmiß=
brauchten Ausdruck nicht zu vergessen, daß d i e s e r Realis=
mus genau so alt ist wie die Poesie selbst; einen großen
Dichter, der von diesem Realismus gar nichts hätte, giebt's
überhaupt nicht und hat es nie gegeben. Wenn man den
Realismus als besondere Stilrichtung von einer ihm ent=
gegengesetzten unterscheidet, die man dann als Idealis=
mus oder Romantik oder Formalismus oder Klassicismus
oder welchen Ismus immer bezeichnen mag — so ist da=
mit nur gesagt, daß das Moment der Lebenswahrheit und
des Charakteristischen bei einzelnen Dichtern oder poetischen
Richtungen besonders stark betont sei, während es bei
anderen gegenüber der formalen Schönheit, der Form=
kunst überhaupt, dem Stilisieren, der Anlehnung an be=
stimmte historisch vorhandene Formideale oder dergleichen
mehr zurücktrete oder hievon gar geschädigt werde. Es
war eine stark mit Unwissenheit durchsetzte Naivetät, die
freilich nicht zum erstenmal in der Litteraturgeschichte da
war, wenn die „Jüngstdeutschen" um die Mitte der acht=
ziger Jahre den Realismus erst entdeckt zu haben glaubten,

wenn sie bei Franzosen, Russen und Skandinaviern suchten, was sie bei jenen deutschen Realisten näher und gesünder und poetischer hätten finden können, bei Jeremias Gott= helf, Otto Ludwig und Hermann Kurz sogar bis dicht an die Grenze des Naturalismus oder noch einen Schritt darüber. Darum unterschied sich aber auch der modernste Neurealismus von jenem älteren deutschen Realismus im Geist und in der Form und überdies noch dadurch, daß bei den Neuen die Theorie, die Schule, die Partei alles beherrschte, die Persönlichkeiten und Leistungen aber fast ausnahmslos recht dünn waren — während jene Alten ohne Parteidoktrin und Parteigelärm, jeder aus seiner eigenen Persönlichkeit heraus, das hatten und leisteten, was die Jungen so laut beanspruchten. Hätte man in den achtziger Jahren, statt auf die Münchener und Neu= romantiker als auf die „Alten" so billig loszuziehen, jene anderen Alten etwas mehr gekannt und studiert, so hätte man sich manches Geschrei und manche Donquixoterie sparen können und einen allerdings notwendig gewordenen Weg mit weniger Umweglaufen gefunden. Wie weit an dieser Unkenntnis und absprechenden Oberflächlichkeit der Jungen die lange Vorherrschaft der Geibel'schen Richtung oder die litterarische Brunnenvergiftung der siebziger Jahre oder sonst noch dies und das die Schuld oder Mitschuld trug, gehört in ein anderes Kapitel; aber Thatsache ist, daß der poetische Realismus mit Beginn der fünfziger Jahre in der ausgesprochensten Weise da war, auf deutschem Boden selbst gewachsen, getragen von bedeutenden kraftvollen Dichterpersönlichkeiten und mit Leistungen, die einen wirk= lichen, nicht bloß verkündigten Höhepunkt der deutschen Poesie des Jahrhunderts bedeuteten.

Friedrich Hebbel ist zu gleicher Zeit mit Geibel in die Litteratur eingetreten und hatte sich nicht nur wie dieser gegen die herrschende Tendenzpoesie geltend zu machen und zu behaupten, sondern später auch gegen die Geibel'sche Richtung selbst — Paul Heyse ist ihm so wenig hold gewesen wie Gutkow. Er war freilich auch nicht der Mann, sich mit Zeitrichtungen freundlich zu stellen oder ihnen Zugeständnisse zu machen: der 1813 in Wesselburen geborene Ditmarsche war eine Individualität von schroffster Selbständigkeit, und ein mehr als dürftiges Jugendleben, ein jahrzehntelanger Kampf mit der ganz gemeinen grauen Not hat ihn nur darum nicht frühzeitig gebrochen oder verflacht, weil die selbstbewußte Kraft seiner Dichternatur sich lieber bis zum Eigensinn verfestigte und selbst Schuld und herbe Selbstqual nicht scheute, als daß er durch Nachgeben und Sichschmiegen bequemes Brot und den flüchtigen Tageserfolg sich erkauft hätte. Der Dichter in ihm hat schließlich nicht nur sich selbst durchgesetzt, sondern auch den Menschen gerettet. Freilich gab das alles seiner Persönlichkeit und seinem Schaffen auch etwas Schwerflüssiges, Herbes, oft Düsteres, ja zuweilen Gequältes — hie und da sogar einen bis ans Rohe und Brutale gehenden Zug von Rücksichtslosigkeit, so viel Weichheit und Feinfühligkeit auch in seiner Natur lag und sich mit der Zeit wieder siegreich durchrang. Hebbel war im Kern seines Wesens von einer unerbittlichen Wahrhaftigkeit, besaß als Mensch und namentlich als Dichter ein Maß von Selbstkritik und gewissenhafter Selbstzucht, das nur ganz starken Naturen eigen ist, freilich auch der kochenden Leidenschaftlichkeit seines Wesens als Gegengewicht doppelt vonnöten war. Andererseits

verband sich mit jener Wahrhaftigkeit ein Hang, alles aufs
Aeußerste zu stellen, vom Letzten noch nach dem Allerletzten
zu bohren, überall Probleme zu sehen und sie bis dahin
zu verfolgen, wo sie in Gefahr sind, ins Unwahre und
Absurde umzukippen; und sein selbständiges kritisches
Denken stellte sich bisweilen als erkältende und spröd
machende Reflexion dem heißen Guß der schaffenden Phan=
tasie in den Weg. Aber es war zu viel gesagt, wenn Grill=
parzer urteilte, von den beiden Aufgaben des Dichters
sei Hebbel „der denkenden Aufgabe vollständig gewachsen,
der künstlerischen aber gar nicht", oder, der Gedanke mache
sich bei ihm „nicht im Eindrucke geltend, sondern in der
Reflexion". Das trifft stellenweise zu und bezeichnet eine
schwache Seite an dem Dichter Hebbel, aber es gilt in
dieser Allgemeinheit so wenig wie manches harte Urteil,
das Hebbel selbst über andere Dichter gefällt und womit
er sich nicht eben Freunde gemacht hat. Im ganzen ver=
band sich in Hebbel der Denker doch eng mit dem Künstler,
sein ästhetisches und kritisches Denken kam eben aus den
Besonderheiten seiner eigenen poetischen Individualität
und bezog aus ihr auch seine Einseitigkeiten und Schroff=
heiten; seine Phantasie besaß doch, wenngleich nicht immer,
Kraft genug, den Gedanken in Anschauung, in Bild und
Gestalt zu verwandeln, also im „Eindruck" zu wirken —
nur daß manchmal die Reflexion das Stimmungselement
ausschaltete, welches den Gedanken sicher und sacht, ohne
Zwang und Sprung in die Anschauung hinüberleitet. Und
gerade der Denker in Hebbel war es doch wieder, der seiner
Poesie immer neuen wuchtigen, wenn auch manchmal allzu
schwer wuchtenden Gehalt zuführte und ihn als Künstler
über die bloße Formkunst hinaushob — der Denker und

der männlich geartete Willensmensch, der das Leben nicht
nur ästhetisch beschaulich betrachtete, sondern bis in seine
herbsten Konflikte und unheimlichsten Tiefen hinein inner=
lich durchlebte und ausfocht. — Um ein solches Bild von
Hebbel zu bekommen, braucht man nicht einmal seine
neuerdings vielbesprochenen Tagebücher und Briefe —
schon seine poetischen Werke und etwa noch seine ästhetisch=
kritischen Abhandlungen geben dieses Bild für den Sehen=
den deutlich genug. Und daß ein so gearteter Dichter vor
allem und in ganz anderer Weise als sämtliche Münchener
zum Dramatiker berufen war, muß gleichfalls jedem ein=
leuchten, der wirklich weiß, was das Drama ist. Mit
Hebbel trat denn auch nach Schiller, Kleist und Grill=
parzer zum erstenmal wieder ein Dramatiker und Tragiker
in die deutsche Litteratur ein, der es nicht nur so neben=
her war oder zu sein vermeinte, sondern es von Natur
und wesentlich war. Die Zeit hatte allerdings zunächst
wenig Sinn für ein Drama von der Art des Hebbel'schen,
und die gleich zum äußersten eilende Schroffheit seiner
dramatischen und tragischen Probleme, ihre oft auf eine
zerbrechliche Spitze gestellte eigensinnige Konsequenz=
macherei verlegt auch heute noch und wohl auch für die
Zukunft dem Durchschnittsgebildeten den Weg zum Genuß
der eigentümlichen Kraft und Tiefe in den meisten dieser
Dramen und vollends zum Gefühl für die seelische Weich=
heit und herbe Süße, für die strenge Keuschheit des
Empfindens, die sich in mehr als einem der Hebbel'schen
Dramen neben der harten Tragik und schneidenden Leiden=
schaft offenbart. Für weichliche Kulturperioden oder Bil=
dungsschichten, wenn sie sich auch durch brutale Kraft=
meierei aufzusteifen suchen, wird der Dramatiker Hebbel

immer unzugänglich bleiben, zumal da sich in ihnen über=
haupt kein Sinn fürs Tragische findet; aber auch einem
männlichen Sinn macht Hebbel das Mitgehen nicht immer
leicht, und ihn für die Zukunft auf den „Stuhl, den
Schiller leer gelassen", setzen zu wollen, heißt ihm doch
eine Größe und Weite der Gesamtpersönlichkeit zuschreiben,
die er bei aller Bedeutung nicht hatte und nicht hat.
Trotzdem stellt das Hebbel'sche Drama für den Zeitraum
seit Goethes Tod den Höhepunkt dramatischer Leistungen
dar und kann mit seinem echten poetischen Realismus
auch für die Zukunft noch ganz andere Bedeutung gewinnen
als das naturalistische Drama der achtziger und neunziger
Jahre. — So verschieden der dramatische Stil Hebbels
von dem Schillers ist, so andersgeartet seine Problem=
stellungen und die Mittel sind, durch die er den Problemen
beizukommen sucht: so hat doch sein ethisches und tragisches
Pathos eine merkwürdige Verwandtschaft mit dem Schillers,
und seine diesem Pathos entsprungene dramatisch=tragische
Theorie stimmt trotz der völlig verschiedenen Ausdrucksweise
auffallend mit der Schiller'schen überein. Wie Schiller ist er
als Dramatiker vorzugsweise Tragiker und faßt das Tra=
gische in seiner ganzen Unerbittlichkeit und Schärfe, die
kein Umbiegen des einmal gegebenen tragischen Konfliktes
in Rührung und äußerliche Versöhnung gestattet. Die
tragische Versöhnung liegt ihm nur darin, daß eine im=
manente sittliche Weltordnung in ihrer Notwendigkeit sich
wiederherstellt, nachdem der individuelle Lebenswille mit
seinen Freiheitsäußerungen einen verhängnisvollen Bruch
in das Leben gebracht hat. Auf dem ewigen und unaus=
weichlichen Widerspiel zwischen Freiheit und Notwendig=
keit, zwischen Lebenwollen und Leidenmüssen, zwischen sitt=

licher Forderung und gegebenem Weltzustand steht auch
bei Hebbel die Tragödie wie bei Schiller und übrigens
bei jedem echten Tragiker. Nur daß Hebbel mehr als
Schiller die „Gebrochenheit" des Lebens als Voraussetzung
jener „Selbstkorrektur der Welt" betont, beflissener und
ausdrücklicher auf die „Probleme" deutet, die dann ent-
stehen, wenn der Weltzustand den erhöhten sittlichen Forderungen nicht mehr entspricht, daß er es ausdrücklich ab-
lehnt, „die Gesundheit in der Krankheit" zu zeigen, vielmehr nur den „Uebergang zur Gesundheit" für tragisch-
dramatisch erweisbar hält. Hebbel ist eben insofern moderner, als er der Gesundheit gegenüber der Krankheit,
der Ganzheit des Lebens gegenüber seiner Gebrochenheit,
der inneren Einheit von Freiheit und Notwendigkeit nicht
so selbstherrlich sicher ist wie Schiller; darum mißt er der
Stellung des Problems oft mehr Wert bei als seiner
Lösung, weicht in der Erörterung des Problems auch dem
Verletzenden und Brutalen nicht aus, in seiner Zuspitzung
nicht dem Abnormen, und er braucht mehr Reflexion und
psychologische Zergliederung des Einzelnen zur Bezwingung
des Problems als Schiller, der den größeren und un-
mittelbareren Blick in die Totalität des Daseins hat.
Aber nichtsdestoweniger steht auch Hebbel wie Schiller,
wie übrigens auch Kleist und Grillparzer, in jenem großangelegten ethischen Verhältnis zu seinem dramatischen
Gegenstand, das den machtvollen Dramatiker vom bloßen
Dramenschreiber oder gar Theatraliker unterscheidet, und
er durfte mit Recht das dramatische Schaffen als Mitarbeit an einer „weltgeschichtlichen Aufgabe" betrachten
und hierin den wahren Sinn eines „historischen" Dramas
suchen. — Gleich in seinem Erstlingswerk, das im Jahr

1840 die Welt wenigstens auf ihn aufmerksam machte, in der „Judith", offenbarten sich die Stärke und die Mängel dieses Dramatikers. Wie die jungfräuliche Witwe von Bethulia sich als Weib zur Retterin ihres Volkes vor Holofernes berufen glaubt, aber mitten im Rettungswerk an der männlichen Kraft des Gegners sich bricht und das Schicksal des Weibes erlebt, so daß sie sich als Lohn von ihrem Volke den Tod erbitten muß, um einer höheren sittlichen Notwendigkeit die Ehre zu geben — das ist, zwar noch nicht mit völliger Beherrschung der dramatischen Mittel aber doch schon mit sicherer Führung der Handlung und der Charaktere und mit einer tragischen Ueberzeugungs= kraft gestaltet, die erkennen läßt, mit wem man's zu thun hat. Und die Charakterisierung der Massen, des Volkes von Bethulien mit seiner Mischung von Jehovatreue und Jehovaangst, seinem Fanatismus und seiner Feigheit, seiner Prophetie und seinem clamor Judaeus, zeigt dra= matisches Feldherrntalent. Aber das Zuwidere, das im Stoffe liegt, ist zu Ehren des Problems nicht nur nicht ge= mildert, sondern mit aller psychologischen Bohrkunst herauf= getrieben und überdies noch durch eine bis zur Geschmack= losigkeit originelle Reflexion erbreitert; und der fürchter= liche Bramarbas Holofernes mit seiner tierischen Gott= ähnlichkeit ist zwar ein Vorläufer des modernen „Ueber= menschen", bleibt aber im Anlauf zu jenem tragischen Humor stecken, mit dem ihn die überlegene Heiterkeit eines Schiller ohne Zweifel ausgerüstet hätte. Immerhin: die „Judith" war ein Erstlingswerk, das die Klauen des Löwen zeigte, wenn es auch nicht der Löwe der „Räuber" war. 1843 folgte die „Genoveva": die unzulängliche sitt= liche Begründung einer bestehenden Einrichtung, in diesem

Falle der Ehe, ist hier der deutlich erkennbare Boden,
auf dem das tragische Problem wächst, das starre Fest-
halten an einer bloß formal gegebenen Pflicht gegenüber
der andrängenden Leidenschaft Golos wird zum tragischen
Verhängnis für Genoveva. Das Drama hat sehr viel,
im Verhältnis zu der harten Problemstellung fast zu viel
allgemein poetische Schönheit, und zu der realistischen
Seelensecierkunst, mit der namentlich Golos Charakter entwickelt wird, steht allerlei romantisches, teilweise sogar
tendenziöses Beiwerk in eigentümlichem Kontrast. Wenn
Hebbel sich verleiten ließ, in einem Nachspiel eine äußerliche Versöhnung nach Art der Legende zu bringen, so
sieht das wie ein Eingeständnis aus, daß der Stoff eigentlich doch nicht recht für die Tragödie passe. Eine Art
Seitenstück zur „Genoveva" gab Hebbel später, 1850, in
„Herodes und Mariamne". Dasselbe Problem ist hier von
einer anderen Seite gefaßt und in größerem Stile aus-
geführt. Der Egoismus der ehelichen Liebe, der in dem
Sigfried der „Genoveva" durch seine Aeußerlichkeit einen
Anflug von unfreiwilliger Komik bekommt, ist in Herodes
stark vertieft und verinnerlicht und überdies vor einen
weiten weltgeschichtlichen Horizont gestellt; der kleine
jüdische Thrann, dessen Machtwille an der Weltmacht
Rom und dem von ferne aufdämmernden Christentum
zergeht, bekommt doch einen Zug von tragischer Größe,
und das tragische Leiden einer starken Liebe, der aber das
Vertrauen fehlt und fehlen muß, ist in ihm und noch
mehr in Mariamne mit einer herben Gefühlsinnigkeit dargestellt, über der man gern einiges Nüchterne und Allzu-
reflektierte vergißt. In „Herodes und Mariamne" kündigte sich schon die ethische Reise der späteren Dramen

Hebbels an; diese fehlte noch in der 1844 erschienenen
„Maria Magdalene", obwohl dieses „bürgerliche Trauer=
spiel", rein dramaturgisch betrachtet, schon den reifen
Meister zeigt. Es ist kein Zufall, daß Hebbel gerade
in dem (stilistisch unglaublich schwerfälligen) Vorwort zu
diesem Drama seine dramaturgische Theorie am be=
stimmtesten, aber auch einseitigsten entwickelt hat. „Maria
Magdalene" ist als Drama ein unbedingt geschlossenes und
stichhaltiges Kunstwerk und auch als bürgerliche Tragödie
unanfechtbar, sobald man die Voraussetzungen ihrer Tragik
zugiebt. Das Problem von der starren bürgerlichen Fa=
milienehre, die gleich zum Äußersten schreitet, einen Fehl=
tritt nicht verzeihen kann und deswegen ein zeitiges Ge=
ständnis, eine Sühne unmöglich macht — ist mit uner=
bittlicher dramatischer Logik und meisterlicher Führung
der Charaktere entwickelt. Aber der schon 1847 von Fr.
Vischer gegen den Meister Anton erhobene Vorwurf des
unnützen Theetrinkens besteht insofern zu Recht, als die
ganze Tischlerfamilie in eine Sphäre sittlicher Reflexion
gehoben ist, die denn doch zu einer anderen sittlichen Be=
urteilung der Verhältnisse führen müßte; und was man
auch vorgebracht hat, um die Motivierung von Klaras
Fehltritt zu rechtfertigen — hier liegt doch eine jener
gequälten Willkürlichkeiten Hebbels vor, mit denen er zu=
weilen sein Messer so lange eigensinnig schärft, bis es
schartig wird. In der That: „darüber kann kein Mann
weg" — auch kritisch nicht; für diese Motivierung besteht
keine dramatische oder tragische Notwendigkeit, Hebbel hätte
eine andere und überzeugendere finden können, wenn er
sich nicht mit einem gewissen unreifen Trotz gegen das
Näherliegende gerade auf diese versteift hätte. Und so=

lange man über diese in den Voraussetzungen der Tragödie
liegenden Bedenken nicht weg kann, bleibt doch der Ge-
samteindruck mehr niederdrückend als tragisch. Zum vollendeten „bürgerlichen Trauerspiel" blieb auch „Maria
Magdalene" nur ein Versuch, der zwar die modernsten
Versuche dieser Art immer noch weit überragt, aber doch
hinter Schillers „Kabale und Liebe" noch um ein Merk-
liches zurückbleibt — auch was den Horizont angeht. Jenen
Trotz gegen das Näherliegende hat Hebbel später, wohl
auch unter dem Einfluß glücklicherer Lebensverhältnisse,
überwunden, ohne deswegen ins Flache zu geraten. Seine
„Agnes Bernauer", die anfangs der fünfziger Jahre vollendet wurde, bewies eine schöne Reise poetischer Sachlichkeit, die dem gegebenen Stoff keine Gewalt anthut und
ihn doch in die Tiefe auszuschöpfen versteht; auch die
Sucht nach dem Problem hat sich jetzt beruhigt, ohne daß
das ethische Verhältnis des Dichters zum Stoff in äußer-
licher Geschichtsdramatik verholzt wäre. Die Unerbittlichkeit des tragischen Konfliktes hat nicht nachgelassen, aber
in der Gestalt des Herzogs Ernst wächst aus der Härte,
mit der die Forderungen des Staates und des Herzens
sich gegenüberstehen, die menschliche Milde und die mann-
hafte ethische Versöhnung in der Anerkennung der Lebens-
pflicht aufs schönste und kraftvollste heraus; und was
Hebbel an verschwiegener, wortkarger Stärke und Innigkeit des echten Gefühls darzustellen vermag, das offenbart
sich an Albrecht und Agnes aufs erfreulichste. Wieder
etwas mehr vom Problem schaute 1856 aus „Gyges und
sein Ring", auch will dem flüchtigen Blick manches in dem
Drama wieder etwas peinigend scheinen. Aber wenn Vischer
dem Dichter der „Maria Magdalene" und schon der

„Judith" den „Mangel an Sittenverständnis" zum Vorwurf machen konnte, so zeigte sich der Dichter des „Gyges"
auch in diesem Stück gereift, indem er nun geradezu
eine Tragödie der Sitte brachte, aber nicht mehr in der
eng „bürgerlichen" Beschränkung des Problems der „Maria
Magdalene", sondern mit der Weite eines kulturgeschichtlichen Horizontes und allgemein symbolischer Vertiefung.
Und daß Hebbel, wenn es ihm der poetische Gehalt zu
fordern oder zu geben schien, auch an formaler Schönheits-
wirkung hinter keinem Münchener zurückzustehen brauchte,
das zeigt „Gyges" noch reifer als „Genoveba" — in
dieser Beziehung ist der „Gyges" seinen „Nibelungen"
ebenbürtig. Diese erschienen im Jahr 1862, aber schon
viele Jahre vorher hatte die deutsche Nationalsage von
Hebbels Phantasie Besitz genommen, in einer scharfen
aber treffenden Kritik der Geibel'schen „Brunhild" hatte
er zu den dramatischen Möglichkeiten des Stoffes Stellung
genommen, und sein eigenes Werk ist unter den vielen
Dramen des 19. Jahrhunderts, welche sich an den ge-
waltigen Stoff gewagt haben, noch immer das einzige,
das in seiner besonderen Art der inneren Größe des
Stoffes sich gewachsen zeigt, wenngleich auch Hebbel einiger
Schwierigkeiten nicht ganz Herr geworden ist, die nun
einmal im Stoffe liegen. Zum Teil hängt dies damit
zusammen, daß er sich mit vollem Bewußtsein eng an
die Gestalt der Sage hielt, die im mittelalterlichen Nibelungenlied vorliegt; denn darauf, daß in dieser Gestalt
der Mythus zwar noch in die historische Sage hereinragt
aber gerade in besonders wichtigen Beziehungen, namentlich in Beziehung auf das ursprüngliche Verhältnis zwischen
Sigfried und Brunhild, schon nicht mehr verstanden wird,

beruhen hauptsächlich jene Schwierigkeiten. Sieht man
aber davon ab, so zeigt sich die kerndeutsche Art, die in
Hebbels Natur steckte, gerade in der wahlverwandten Kraft,
mit der er die Nibelungengestalten zu fassen wußte, und
die Schroffheiten und Herbheiten seiner Persönlichkeit er=
scheinen nur als Förderungen für das richtige Verhältnis
zu dem schroffen und herben Gegenstand; seine speciell
dramatische Kraft tritt in der künstlerischen Bewältigung
des riesigen Stoffes noch einmal glänzend zu Tage, und
was der Dichter im Dramatiker vermochte, das erkennt
man besonders deutlich an der großgeschauten symbolischen
Vertiefung, die er dem Gegensatz zwischen Sigfried und
Hagen giebt. Ob dagegen der ans Asketische streifende
christliche Zug, den Hebbel seinem Dietrich von Bern leiht,
ein Segen ist oder das Gegenteil, darüber mag man zum
mindesten streiten; jedenfalls kommt dadurch etwas Schil=
lerndes in die Dietrichsgestalt und deutsch wird man diesen
Zug keinenfalls nennen dürfen. — Mit der Nibelungen=
trilogie schloß Hebbels dramatisches Schaffen würdig und
kraftvoll; der Schillerpreis, der ihm für dies Werk zu
teil wurde, traf ihn im Jahr 1863 auf dem Krankenlager,
und bald darauf endete der erst Fünfzigjährige sein Leben
in Wien, wo er nach den trüben Irrfahrten seiner Jugend
festen Boden und auch für sein äußeres Leben den lang=
vermißten Sonnenschein gefunden hatte. Seine übrigen
dramatischen Arbeiten außer den genannten haben weniger
zu besagen: teils sind sie unvollendet geblieben, teils weisen
sie die eigentümlichen Mängel und Schranken, Einseitig=
keiten und Grillen seines Wesens besonders deutlich auf;
und die Lustspiele darunter gehören nur in die Reihe so
vieler beachtenswerter, aber vergeblicher Bemühungen, einen

sachgemäßen Stil für die deutsche Komödie zu finden. — Unter den epischen Arbeiten Hebbels ist „Mutter und Kind" ein Idyll, das man nach Goethes und Mörikes Idyllen nennen darf; seine Novellen und Erzählungen weisen neben manchen Wunderlichkeiten und einem oft krausen Humor doch Züge auf, die an Seldwyla erinnern. Seine Lyrik hat Hebbel selbst für seine bedeutendste poetische Leistung gehalten, und heute erheben sich Stimmen, welche ihn schlechtweg unter die ersten deutschen Lyriker einreihen wollen. Schwerlich mit Recht: gerade in seiner Lyrik kommt das Reflektierte in Hebbels Natur oft am unrichtigsten Orte heraus, nicht selten redet er viel zu viel von der Sache, statt die Sache selbst sprechen zu lassen, wird langatmig und undurchsichtig. Trotzdem ist kein Zweifel, daß sich unter seinen lyrischen Dichtungen eine Anzahl Stücke finden, die zu unserem besten lyrischen Besitz gehören, Größe und Tiefe, zuweilen auch eine wunderbare ahnungsvolle Weiche haben, Gedichte, in denen der Lyriker Hebbel nicht hinter dem Dramatiker zurückbleibt. Jedenfalls geht er mit diesen bedeutend über den glatten Durchschnitt der Münchener und überhaupt der modernen Lyrik hinaus, und sie nebst seinen klassischen Epigrammen vollenden das Bild eines Dichters, der seine Zeit überragt wie wenige.

Man hat sich neuerdings gewöhnt, in Einem Atem mit Hebbel Otto Ludwig zu nennen, der im selben Jahre mit Hebbel geboren und zwei Jahre nach ihm gestorben ist. Allerdings hatte Ludwig, obwohl beide Dichter durchaus unabhängig voneinander ihre Wege gingen, einige wichtige Züge mit Hebbel gemein: die starke dramatische Begabung, die realistisch gerichtete Phantasie und den Hang

zur Denkarbeit und Selbstkritik. Aber im tieferen persönlichen Wesen bestand doch ein namhafter Unterschied zwischen
den beiden, und als Dramatiker hat sich Otto Ludwig
doch nicht in der Weise ausgewachsen wie Hebbel. Ludwigs dramatische Kraft war doch merkwürdig unterbunden,
teils durch frühzeitige und lebenslange Kränklichkeit, teils
ohne Zweifel auch durch ein Zuviel an musikalischem Talent
und Interesse, teils namentlich durch den viel unglücklicher
als bei Hebbel entwickelten Hang zur Reflexion. Wo der
robuste Niedersachse Hebbel entschlossene Selbstkritik übte
und doch wieder tapfer drauflosschuf, da verfiel der um-
ständliche Thüringer Ludwig in ein zauderndes Grübeln
über eigene und fremde dramatische Begabung, das bis
zum Wägeln und Nergeln ging; Hebbels Reflexion hatte,
auch wo sie sich zu breit machte, doch etwas Mannhaftes,
eine klare Bestimmtheit, während man bei Ludwig etwas
vom nervösen Musikmenschen herauszuspüren glaubt, der
doch im Grund nicht sicher weiß, was er will. Der dramatische Willensmensch in Hebbel hat ihm seine ganze
Existenz durchgefochten, sein tragisches Pathos hat ihn
mit all seinem Realismus auf Schillerischen Bahnen zur
Höhe geführt — Otto Ludwig hat mit zweifelnder Be-
mühung zwei runde dramatische Kunstwerke zur Höhe hin-
aufgetrieben, ist aber schließlich in endlosen Shakespeare-
studien stecken geblieben und hat mit ihnen das heute noch
nicht verstummte Gerede von Schillers dramatischer Minder-
wertigkeit eingeläutet. Dagegen hat Otto Ludwig schon
um die Mitte der fünfziger Jahre mit einigen Prosa-
erzählungen den Erzählerstil vorweggenommen, den man
dreißig Jahre später sich vom Ausland glaubte verschreiben
zu müssen. Als Lyriker bedeutet er nicht viel. — Jene

beiden Dramen waren „Der Erbförſter" und „Die Makka=
bäer" — jenes gewiſſermaßen ein Seitenſtück zu Hebbels
„Maria Magdalene", dieſes mit Hebbels hiſtoriſchen
Dramen zuſammenſtellbar. Ein Jugendwerk „Das Fräu=
lein von Scuderi" iſt daneben wenigſtens durch ſtarken
poetiſchen Gehalt und auffallende Charakteriſierungskunſt
bemerkenswert. Mit dem „Erbförſter" ſteht es ähnlich
wie mit Hebbels bürgerlicher Tragödie: giebt man die
Vorausſetzungen des tragiſchen Konfliktes einmal zu, ſo
iſt alles in ſchönſter Ordnung; kann man ſie nicht an=
nehmen, ſo bleibt immer noch ein feſtgefügtes Drama mit
folgerichtig gearbeiteten Charakteren und mit Situationen
von ſtarker poetiſcher Wirkung, aber der Eindruck des
Tragiſchen ſinkt in den des Bedrückenden herunter. Zu
jenen Vorausſetzungen aber gehören weniger die vielen
Mißverſtändniſſe zuſamt dem vielbeſchrieenen gelben Ge=
wehrriemen, als vielmehr die Unfähigkeit des Förſters
Ulrich, den Unterſchied zwiſchen den Rechtsverhältniſſen
eines Privatförſters und eines Staatsförſters zu begreifen,
und überhaupt die Blindheit gegen das Thatſächliche und
Nächſtliegende, die wie ein Fatum über der ganzen dra=
matiſchen Handlung liegt. Die „Makkabäer" werden durch
ihren Maſſenkämpfe umfaſſenden Stoff dramatiſch etwas
zu ſehr ins Breite gezogen und leiden an dem weiteren
Uebelſtand, daß der zweite Akt einen theatraliſchen Höhe=
punkt emportreibt, über den der eigentlich dramatiſche Höhe=
punkt im dritten an Wirkung nicht hinaufkommt, ſo daß
für die beiden letzten Akte mit ihren Schönheiten und
dramatiſchen Wirkungen das halbverlorene Intereſſe erſt
wieder erobert werden muß. Aber in den Charakteren und
dramatiſch geſpannten Situationen offenbart dieſes im

Jahr 1852, zwei Jahre nach der erſten Aufführung des
„Erbförſters“ vollendete Werk eine dramatiſche Geſtal-
tungskraft, die durch tapferes Wollen an Stelle theoreti-
ſchen Grübelns vollends zur großen dramatiſchen Ver-
dichtungskraft hätte geſteigert werden können. Und an
poetiſcher Fülle, an nicht bloß formaler Schönheit ſteht
dieſes Drama keinem Hebbel’ſchen nach, übertrifft ſogar
manches. Leider kam nun, trotz mancher weiteren Pläne,
Ludwigs dramatiſche Produktion ins Stocken, wohl nicht
außer Zuſammenhang auch damit, daß nun der Erzähler
bei ihm in den Vordergrund trat, dem die Litteratur
außer einigen kleineren Sachen „Die Heiterethei“ und
„Zwiſchen Himmel und Erde“ verdankt, beide zuerſt in
jenem Jahr 1855 veröffentlicht, in dem unter anderem
auch der „Sonnenwirt“ von Hermann Kurz, Guſtav Freytags „Soll und Haben“ und Scheffels „Ekkehard“ erſchienen.
Da war die moderne realiſtiſche Erzählung mit all ihren
Vorzügen und Schwächen, ſogar mit ihren naturaliſtiſchen
Uebertreibungen! Einen im Grund einfachen pſychologiſchen Vorgang mit verhältnismäßig wenig äußerem Ge-
ſchehen entwickelt Otto Ludwig mit einem bis in alle
Einzelheiten eindringenden Spürſinn, einer bohrenden und
grabenden pſychologiſchen Zergliederung — aus Zuſtänden
des äußeren und inneren Lebens, die eben dem entſprechen,
was man ſpäter franzöſiſch das „Milieu“ glaubte taufen
zu müſſen; er verfolgt es bis in die letzten Einzelheiten
auch der äußeren Verhältniſſe, ſucht auch dieſe mit der
pünktlichſten Wirklichkeitstreue darzuſtellen und verirrt ſich
ſogar in ein naturaliſtiſches Schildern und Beſchreiben,
das die thatſächlichen Vorgänge in der Seele des Leſers
verkennt, die Selbſtthätigkeit der aufnehmenden Phantaſie

lähmt und die wissenschaftliche Methode an die Stelle der künstlerischen setzt. Was hätten die späteren Zola= jünger in Deutschland mehr verlangen können, wenn sie Otto Ludwig gekannt hätten! Und doch, sowie er wirk= lich erzählt, sind auch die realistischen Einzelheiten aufs trefflichste in den Gang der Handlung und Bewegung ein= geordnet, die Naturbilder namentlich völlig von Seelen= stimmung durchdrungen; und die Verirrungen der realisti= listischen Darstellungsweise beherrschen doch nicht den Ge= samteindruck, der poetische Zweck wird schließlich doch immer wieder Herr über den Realismus der Darstellungsmittel. Und Eines fehlt bei dem Erzähler Otto Ludwig, was der spätere naturalistische Realismus im Grund allein Neues zu diesem älteren Realismus hinzugebracht hat: der Geruch des social und sittlich Faulen und Muffigen, des Ueberreifen und Entartenden oder des erotisch An= stößigen und Brutalen. In diesem Stück war Otto Lud= wig innerlich gesund wie alle jene poetischen Realisten seiner Zeit.

Während Hebbel und Ludwig doch mit der Zeit zur gebührenden Geltung gekommen, zeitweilig sogar dem Ge= schick des Ueberschätztwerdens verfallen sind, ist dem mit ihnen gleichalterigen Schwaben Hermann Kurz noch immer sein Recht nicht geworden. Und doch gehörte er, wenigstens für die erzählende Dichtung, ohne weiteres mit Otto Ludwig zusammen, sein „Sonnenwirt" hätte den Jüngstdeutschen füglich dasselbe bedeuten können, was sie in Dostojewskys „Raskolnikoff" glaubten suchen zu müssen. Widriges Lebensgeschick, das Hermann Kurz nicht zur vollen Entfaltung all seiner poetischen Kräfte kommen ließ, hing zum Teil mit seiner Beteiligung an den polit=

schen Bewegungen der vierziger Jahre zusammen; doch
hat er, einer der besten und selbstlosesten Patrioten aus
jener Zeit, sein poetisches Talent nicht in den Dienst der
Tageskämpfe gestellt, vielmehr für rein poetische Aufgaben
gespart. Daß ihm die Muse, wie Mörike von ihm sagte,
„Lippen und Stirn und beide die glänzenden Augen mit
unsprödem Kusse berührt" hatte, zeigt schon manches Stück
seiner Lyrik, die ganz eigenen Tones ist; dennoch war
seine lyrische Begabung, die sich in kräftiger Weise auf
seine Tochter Isolde Kurz vererbt hat, nicht ebenso stark
wie seine epische. Er beherrschte die mannigfaltigsten Formen der Erzählung, den Roman wie die Novelle, das
Märchen wie die treuherzige Chronik, die Dorfgeschichte
wie die kulturhistorische Erzählung; er schrieb den treff-
lichsten Prosastil und handhabte den Vers zwar nicht so
glänzend wie Wilhelm Hertz, aber doch so sicher, daß er
es wagen durfte, Gottfrieds „Tristan" nicht nur ins Neu-
hochdeutsche zu übertragen sondern fertig zu dichten; er
fand in diesen erzählenden Werken für die Tragik des
Menschengeschickes so gut den Ton wie für den ausge-
lassensten humortollen Schwank, und selten hat einer in
so stilvoller Weise seine Jugendeindrücke erzählend verarbeitet wie Kurz. Im übrigen wurzelte seine ganze Poesie
so fest und sicher im schwäbischen Heimatboden wie Otto
Ludwigs Erzählungskunst im thüringischen, Gottfried
Kellers Poesie im Schweizerboden; von seinem älteren
Freund Mörike aber unterschied er sich einerseits durch
die geringere Mächtigkeit seiner lyrischen Begabung, andererseits durch die bis an die Grenze des Naturalismus
gehende realistische Richtung seiner poetischen Phantasie.
— *Von seinen beiden großen Romanen ist der erste,*

„Schillers Heimatjahre", schon 1838 im „Morgenblatt"
und dann 1843 im Buchhandel erschienen. Es ist kein
litteraturgeschichtlicher, vielmehr ein kulturgeschichtlicher
Roman, und wenn man Wilhelm Riehl den Begründer
der kulturgeschichtlichen Novelle nennt, so könnte man
Hermann Kurz dieselbe Stelle für den kulturgeschichtlichen
Roman anweisen. Der Held des Romans ist nicht Schiller,
der wie der Herzog Karl in den Hintergrund tritt, vielmehr ein Kandidat der Theologie Heinrich Roller, der
mit Schiller nur in flüchtiger Berührung stand; nach ihm
war der Roman auch ursprünglich betitelt und an der Hand
seiner Erlebnisse entrollt sich ein fein und kräftig, mit
sicheren Strichen entworfenes Kulturbild aus Schillers
Jugendzeit, ganz im Stil realistischer Lebensdarstellung
und nur leicht von einem romantischen Zuge gestreift.
Diese Zigeunerromantik hat man dem Roman schon zum
Vorwurf gemacht, aber mit wenig Recht: sie steht auf
viel realerem Boden als das Zigeunerwesen in Mörikes
„Maler Nolten", denn Banden wie die des Hannikel waren
zur Zeit, da Schillers „Räuber" entstanden, ein sehr
reales Ding, und wenn Cotta wegen der Abenteuer des
adeligen Fräuleins Laura den Roman nicht zu verlegen
wagte, so hatte das gleichfalls seinen sehr realen Hintergrund. Etwas jugendliche Romantik hängt immerhin dran,
aber sie verbindet ihr Dämmerlicht mit der auf genauer
Kenntnis des Thatsächlichen ruhenden Wirklichkeitsdarstellung so glücklich zu einer wahrhaft poetischen Wirkung,
daß man „Schillers Heimatjahre" ruhig unter die verhältnismäßig kleine Zahl unserer wirklich wertvollen Romane einreihen darf. Und ein besonderer Vorzug ist noch,
daß Kurz das Schildern und Beschreiben vermied, von

dem auch Otto Ludwig ſich nicht ganz freihielt. Völlig
gereift und dabei ganz und gar realiſtiſch geworden war
des Dichters Erzählerkunſt in dem 1855 erſchienenen
„Sonnenwirt". Dieſe „ſchwäbiſche Dorfgeſchichte aus dem
vorigen Jahrhundert" griff den Stoff wieder auf, den
Schiller in ſeinem „Verbrecher aus verlorener Ehre" dar=
zuſtellen verſucht hatte, und verarbeitete die Geſchichte
des Friedrich Schwan von Ebersbach in einer Weiſe, daß
Paul Heyſe den „Sonnenwirt" nur mit Kleiſts „Kohl=
haas" verglichen wiſſen will; jener geht aber über dieſen
inſofern noch hinaus, als hier alles Romantiſche voll=
ſtändig abgeſtreift iſt, dagegen das, was man ſpäter das
Milieu genannt hat, mit einer objektiven Sicherheit, mit
einer pſychologiſchen und poetiſchen Feinheit entwickelt iſt,
die immer noch ihresgleichen ſucht. Und obwohl die Dar=
ſtellung im einzelnen bis zur naturaliſtiſchen Wirklichkeits=
treue geht, ſo behält der Dichter doch immer das Heft in
der Hand und läßt die tragiſche Verſchlingung von Schick=
ſal und Charakter in überzeugender Wahrheit aus der
Wirklichkeit hervorleuchten. Leider war Hermann Kurz
durch die Not des Lebens und ſpäter durch Krankheit ver=
hindert, den Schluß des Werkes poetiſch zu runden; er
hat in der Not und nur im einſtweiligen Sinne die Ge=
ſchichtſchreibung an Stelle der Muſe treten laſſen und ſo
eigentlich ein großes Fragment hinterlaſſen. Aber trotz=
dem darf der „Sonnenwirt", hiſtoriſch und ſachlich, neben
Otto Ludwigs Erzählungen den Anſpruch erheben, an
der Spitze der modernen realiſtiſchen Erzählungskunſt zu
ſtehen und von keiner der modernſten Leiſtungen auf dieſem
Gebiet übertroffen oder nur auch erreicht zu ſein. — Im
Unterſchied von dem ſchweren, zum Tragiſchen ſich neigen=

den Ernst des „Sonnenwirts" sind die kleineren Erzählungen und Novellen von Hermann Kurz vorwiegend
humoristischer Art; der Humor war ein wesentlicher Zug
in seiner persönlichen Erscheinung, ihm verdankte er im
Leben und in der Poesie die milde Klarheit und welt-
überlegene Freiheit, die ihn nie in Verbitterung sinken
ließ, so viel er Ursache dazu gehabt hätte. Diese kleineren
Sachen sind für den Freund des Humors eine unerschöpf-
liche Fundgrube und geben neben ihrem humoristischen und
poetischen Gehalt noch ein wertvolles Stück schwäbischer
Kulturgeschichte. Auch als Uebersetzer, namentlich von
Thomas Moore und Ariost, hat sich Kurz verdient gemacht,
und von seinen eigenen Liedern wurde und wird manches
gesungen, ohne daß man des Verfassers denkt. Im
Jahr 1873 ist er, als Universitätsbibliothekar in Tübingen,
hingegangen „mit tief geschlossenem Visier" — einer von
denen, an denen die Nachwelt etwas gut zu machen hat.

Raschen und breiten Erfolges bei der Mitwelt dagegen hatte sich Gustav Freytag zu erfreuen, er ist
wie kein anderer dieser poetischen Realisten jahrzehntelang
ein besonderer Liebling des gebildeten deutschen Bürgertums gewesen. Seine Wirkung auf die Zeit lag nicht
sowohl in besonderer Mächtigkeit oder Ursprünglichkeit
seiner poetischen Naturausrüstung begründet, als vielmehr
darin, daß in seiner geistigen Gesamtpersönlichkeit sich
ein gut Stück vom geistigen Leben der Nation im ablaufenden Jahrhundert wiederspiegelte. Aehnlich wie
Geibel in seiner anderen Art hat auch Gustav Freytag
mit seinem Schaffen die geistige Entwickelung der Nation
begleitet von da an, wo das Ringen um eine Neugestaltung
der Nation kräftiger aufgärte, bis dahin, wo diese Neu-

gestaltung gewonnen schien, wo aber die erste Freude
daran schon der Erkenntnis wich, daß noch vieles, vielleicht das Schwerste, erst zu thun sei. In dieser Zeit ist
Gustav Freytag einer der litterarischen Wortführer eines
gesunden nationalen Denkens und Empfindens gewesen,
hat aus jungdeutschen Anwandlungen heraus einen maß-
vollen künstlerischen Realismus gewonnen und vertreten,
den historischen Zusammenhang des Lebens der Gegenwart mit der deutschen Vergangenheit festzuhalten gesucht
und schließlich vornehm geschwiegen, als der Lärm der
„Moderne" allem Vorhandenen das Todesurteil zu sprechen
sich unterfing. Wesentlich neue Bahnen in der Poesie hat
er nicht eröffnet und seine Wirkungen haben nicht hinunter-
gegriffen in die letzten Tiefen der Volksseele; aber indem
er dem geistigen Entwickelungsgang jenes Zeitraumes, wie
er sich besonders in den Kreisen bürgerlicher Bildung vollzog, poetischen Ausdruck schuf, ist es ihm zugleich gelungen,
einige Kunstwerke hervorzubringen, welche eine Bedeutung
über die Gegenwart hinaus beanspruchen dürfen. — Der
im Jahr 1816 geborene, also ungefähr mit Geibel gleichalterige Schlesier Freytag war nach seinem eigenen Ge-
ständnis kein Lyriker, obwohl ihm eben als einem Schlesier
das Versemachen leicht geworden sei. Was den verse-
machenden Philologen zuerst zum Dichter gemacht hat,
das war eine zeitig entwickelte Einsicht in die Forderungen des dramatischen Schaffens, die Befähigung der
Phantasie, eine dramatische Handlung zu erfinden und
dramatische Charaktere zu gestalten, die Liebe zum Theater
und ein Einblick in das Getriebe der Bühne. Als Dramatiker hatte er denn auch seine ersten Erfolge, schon
mit dem 1842 in Berlin preisgekrönten Lustspiel „Die

Brautfahrt oder Kunz von der Rosen", das sich aber
trotz seiner guten Laune nicht zu behaupten vermochte,
dann mit den 1846 und 1847 geschriebenen Schauspielen
„Die Valentine" und „Graf Waldemar". In diesen
Dramen sieht man noch sehr deutlich, wie Freytag in den
Ideenkreisen und Anschauungen des Jungen Deutschlands
wurzelte, obwohl er über sie hinauszukommen trachtete
und hinausgekommen ist: die Helden dieser Dramen zeigen
eine Charaktermischung, die ihre Verwandtschaft mit den
Laube'schen und Gutzkow'schen Helden nicht verleugnen
kann, die auch in späteren Gestalten Freytags wiederkehrt,
sich aber von dem Kränklichen, das ihr zuerst anhaftet,
immer mehr zur Gesundheit durcharbeitet. Starkgeistigkeit
und aristokratische Vornehmheit mit ausgesprochener Hin-
neigung zu bürgerlicher Lebenstüchtigkeit, Vornehmheit
auch der Gesinnung aber in Verbindung mit nobeln
Passionen, welche sittlich nicht immer unbedenklich sind,
zuweilen ein Schwanken der sittlichen Begriffe oder gar
eine wilde wüste Vergangenheit, welche doch den innersten
Kern nicht anzufressen vermocht hat; rücksichtslose Kraft
und überlegener närrischer Humor; ein Spiel mit dem
Leben, das doch eigentlich nach dem heiligen Ernst und
tieferen Gehalt des Lebens sich sehnt; ein Weltbürgertum
im Kampf mit sittlicher, socialer und politischer Spieß-
bürgerei und doch ein Bestreben, sich einzuschränken, im
wohlumschriebenen Kreise bestimmter Lebensaufgaben und
Pflichten sich zu beruhigen, und doch das Bewußtsein, daß
nur im Zusammenhang mit dem Leben der Nation, in
der Mitarbeit an ihren Kulturaufgaben die starken Wurzeln
der Kraft liegen: aus solchen, teilweise ganz entgegen-
gesetzten und nicht immer völlig glaubhaft vermittelten

Elementen setzen sich die Lieblingshelden Freytags zusammen. Schon im „Kunz von der Rosen" war etwas
davon zu vermerken, noch mehr in „Valentine" und „Graf
Waldemar", im Fink in „Soll und Haben" und in mehreren Figuren der „verlorenen Handschrift" bemerkt man
diese Elemente wieder, im Konrad Bolz der „Journalisten"
finden sie ihre anziehendste Vereinigung und noch in
manchen Helden der „Ahnen" tauchen sie so oder so wieder
auf; am wenigsten überzeugend, noch am meisten mit
Krankheitssymptomen behaftet erscheint diese Charakterart
im „Graf Waldemar". Diese innere Charakterverwandt-
schaft Freytag'scher Helden streift zuweilen an Einförmig-
keit, sie offenbart aber auch etwas vom Persönlichen des
Dichters und sehr viel von seinen Beziehungen zu der
Entwickelung der Zeit. — Nach seinen ersten dramatischen
Arbeiten ging Freytag unter die Journalisten als Heraus-
geber der „Grenzboten" in Gemeinschaft mit Julian
Schmidt. Aus dieser Thätigkeit erwuchs ihm seine wert-
vollste dramatische Leistung, das Lustspiel „Die Journalisten", und in den fünfziger Jahren führte ihn das Bestreben, die gesunden Kräfte des deutschen Bürgertums
für die Zukunft der Nation zu sammeln und wirksam zu
machen, zu den Romanen, mit denen er nach einem Worte
von Julian Schmidt „das deutsche Volk da suchte, wo es
in seiner Tüchtigkeit zu finden ist, nämlich bei seiner
Arbeit". Mit den „Journalisten" lenkte Freytag wieder
in die Bahn ein, die Lessing mit seiner „Minna" dem
deutschen Lustspiel strengen Stils gewiesen hat, die das
gangbare Philisterlustspiel seit Kotzebue niemals zu be-
treten gewußt hatte, während Kleist und Grillparzer mit
ihren vereinzelten Lustspielen ganz besondere Wege ge-

gangen waren. Freytags Lustspiel weist, wie das Lessings,
den breiten, vom Leben der Gegenwart bedingten und in
diesem Sinn wieder historischen Hintergrund auf; was
bei Lessing die Zustände nach dem siebenjährigen Kriege
sind, das sind hier die Mächte, welche dem öffentlichen
Leben von der Mitte unseres Jahrhunderts an den besonderen Charakter gegeben haben: das politische Partei-
leben und die Presse als die Vertreterin der sogenannten
öffentlichen Meinung. Aber auch das wie bei Lessing nicht
im Dienst einer bestimmten Parteitendenz, wenn auch die
liberale Schattierung bei Freytag nicht zu verkennen ist;
der Hintergrund wird überhaupt nicht aufdringlich in den
Vordergrund gedrängt, der Horizont des öffentlichen
Lebens verengt sich aber auch nicht zu der spießbürger-
lichen Stube, in der irgend ein Klatsch verarbeitet wird.
Die öffentlichen Zustände der Gegenwart sind vielmehr
das flüssige Element, in welchem Charaktere von menschlichem Interesse sich ringend und kämpfend, liebend und
hassend gegeneinander bewegen und der innere Humor
des Zeitlebens an einem charakteristischen Einzelfall sich
heiter und gemütvoll offenbart. Der Humor der „Journalisten“ hat das Befreiende, das dem echten Komödien-
humor eigen ist, wenn er auch nicht in die letzten, sozusagen metaphysischen Tiefen des Welthumors hinunter-
greift; und mag auch das Stück mehr mit dem technisch-
dramaturgischen Verstande als mit der urwüchsigen Stoß-
kraft des großen Dramatikers herausgearbeitet sein, so
ragt es doch auch insofern aus der großen Masse unserer
Lustspiele hoch empor, als es wieder einmal gezeigt hat,
was ernste solide Komödientechnik ist gegenüber dem lotte-
rigen, verbummelten Wesen, das als ein unveräußerliches

Vorrecht des modernen Luſtſpiels zu gelten ſcheint. Ueber
die „Technik des Dramas" hat ſich Freytag auch in ſeinem
ſo betitelten Buche ausgeſprochen; es hat nicht die Tiefe,
die ſich in den dramaturgiſchen Studien von Hebbel und
Otto Ludwig findet, iſt aber keineswegs ſo äußerlich und
veraltet, wie modernſte Dramaturgen behaupten. Mit
ſeiner Römertragödie „Die Fabier" von 1858 hat dann
Freytag freilich nur gezeigt, daß er zum Tragiker doch
nicht berufen war. Inzwiſchen aber hatte er ſich vom
Drama zum Roman gewendet, im Jahr 1855 war „Soll
und Haben" erſchienen und hatte großes Aufſehen gemacht.
Der Roman iſt einer der verbreitetſten und geleſenſten
unter den wenigen geworden, die dauernde litterariſche
Geltung beanſpruchen dürfen; das verdankte er aber zunächſt weniger ſeinen rein äſthetiſchen Wirkungen, obwohl
er auch ſolche übt, als vielmehr ſeinem ethiſchen Gehalt
und den Bedürfniſſen der Zeit, in die er traf. Nach all
den Enttäuſchungen, die die Nation erlebt hatte, begehrte
man etwas zu ſehen, worin man trotz allem die geſunde
Lebenskraft der Nation wiedererkennen und eine Bürgſchaft
für die Zukunft finden konnte, und da kam Freytag gerade
recht, wenn er die tüchtige Kraft des deutſchen Bürger-
hauſes und den Segen ſeiner pflichttreuen Arbeit aufzeigte
und dabei doch den Gehalt an Poeſie herausſcheinen ließ,
der auch in der unſcheinbarſten Hülle nüchterner Berufs-
thätigkeit, auch zwiſchen den Folioblättern von Soll und
Haben ſich bergen kann. Und der maßvolle Realismus,
mit dem Freytag in ſolche Lebensgebiete hineingriff, hatte
damals noch einen beſonderen Reiz. Aehnlich wenn auch
minder ſtark wirkte dann faſt zehn Jahre ſpäter das
Seitenſtück zu jenem erſten Roman Freytags, „Die ver-

lorene Handschrift". Zwar ist auch die Gelehrtenarbeit,
um die sich's hier handelt, nicht vom allerweitesten Horizont, aber in dem gelehrten Eifer des Herumstöberns nach
alten Handschriften liegt doch auch wieder ein charakteristischer Zug moderner Bildung, und es ist nicht ohne feine
Ironie und dazu ein Zug zum Gesunden, wenn Professor
Werner statt der heißbegehrten Handschrift sein häusliches
Glück findet und, nachdem es in der gefährlichen Hofluft
beinahe zu Grunde gegangen, wiederfindet. Auch der be-
hagliche und nicht bloß, wie man schon gesagt hat, phi-
liströse Humor, der durch beide Romane spielt, erhöht
ihre Wirkung. — Wenn eine spätere Zeit ein poetisches
Bild von dem besseren Durchschnitt des deutschen Kulturlebens so etwa zwischen 1848 und 1870 sehen will, so
wird sie mit Nutzen nach diesen beiden Romanen Freytags
greifen, und so mögen sie eine längere Lebensdauer
haben als seine späteren Romanreihe „Die Ahnen", die
zwischen 1872 und 1880 in sechs Bänden erschien. Sie
waren im Grunde nichts anderes als ein poetisches Er-
gänzungswerk zu Freytags „Bildern aus der deutschen
Vergangenheit", jenem wertvollen kulturhistorischen Fa-
milienbuche, das jeder Hausbibliothek wohl ansteht. Die
Aufnahme der „Ahnen" war, trotz manchem Widerspruch
von seiten der Kritik, beim gebildeten Lesepublikum so
warm oder wärmer als die seiner ersten Romane. Auch
das ist unschwer zu verstehen: in den siebziger Jahren
war der Geschmack der gebildeten Kreise gerade bei einer
besonderen Vorliebe fürs Historische, Kulturhistorische und
Antiquarische angelangt; ferner hatten die „Ahnen" ihre
Wurzeln doch in den Erlebnissen des Jahres 1870, von
denen nicht nur Freytag selbst, sondern auch das deutsche

Publikum gern auf die deutsche Vergangenheit zurück-
sah — und endlich war mit dem vorsichtigen Vererbungs-
gedanken, der sich durch die „Ahnen" hindurchzieht, wieder
ein Ton angeschlagen, der jener von den darwinistischen
Theorien besonders erregten Zeit entgegenkam.   Mit all
seinem Schaffen aber hat Gustav Freytag nicht nur die
nationale Entwickelung in einem wichtigen Zeitraum begleitet, sondern er hat auch erziehend auf eine Generation
oder zwei gewirkt, und zwar mit Mitteln, die im wesentlichen poetischer Natur waren, mit Mitteln von gesunder,
lebenstüchtiger Art.

Daß der poetische Realismus nicht nur, wie man
schon behaupten wollte, eine Eigentümlichkeit des norddeutschen Geistes ist, sondern ebenso in dem phantasie-
reicheren Süden gedeiht, das zeigen außer dem Schwaben
Hermann Kurz auch die Schweizer, die in diese Reihe
gehören.   Einer älteren Generation gehörte noch der 1797
geborene und 1854 gestorbene Berner Pfarrer Albert
Bitzius an, dessen Schriftstellername Jeremias Gotthelf heißt; seine größeren Dorfgeschichten „Uli der Knecht"
und „Uli der Pächter" stammten aber aus den vierziger,
seine späteren Erzählungen aus den ersten fünfziger Jahren,
in denen er überhaupt erst in weitere Kreise drang.   Jeremias Gotthelf hat ebensoviel schroffe Ablehnung als weit-
gehende Bewunderung gefunden.   Um ihn richtig zu be-
urteilen, darf man nicht vergessen, daß es dem streitbaren
Pfarrer von Lützelflüh niemals eigentlich um poetisches
Schaffen im künstlerischen Sinne zu thun war; vielmehr
wollte er nicht nur von der Kanzel sondern auch durch
Volksschriften belehrend, bessernd, hebend auf seine Bauern
wirken und wohl auch in den politischen Kämpfen seiner

Zeit seine konservative Tendenz verfechten. Gottfried Keller
hat ihn seinerzeit in mehreren Aufsätzen eben nach der
Seite der Tendenz hin sehr schroff recensiert, ihm im
übrigen die echt poetische Veranlagung unbedingt zuge-
sprochen, ihn sogar einen großen Epiker genannt, aber
ihm ebenso das eigentlich Künstlerische abgesprochen. Damit war der zwiespältige Eindruck, den Jeremias Gotthelf
fast immer macht, ohne Zweifel richtig auf seine Ursache zurückgeführt: er verachtete alles künstlerische Gestalten, wollte nur praktisch wirken. So geriet er bei
aller starken poetischen Begabung, bei einem ungeheuren
natürlichen Erzählertalent, einer scharfen Beobachtung des
Wirklichen, einer reichen und klaren Phantasie, warmem,
stimmungsreichem Gemüt und gutem Humor doch meist
ins Formlose und vom Realismus in einen Naturalismus, der oft an cynische Absichtlichkeit grenzt — nicht
weil er das Häßliche aus ästhetischen Grundsätzen aufge-
sucht hätte wie die späteren Naturalisten, sondern weil er
nur im Wirklichen und durch das Wirkliche wirken wollte,
diese Wirklichkeit aber eben die seiner Emmenthaler Bauern
war. Am reinsten poetisch wirkt er im Grund in seinen
kleineren Erzählungen, wo er nicht so breit ausholt und
nicht immer so tendenziös ist: über ihnen liegt oft ein
unbeabsichtigter Duft und Schimmer von Stimmung, der
einen dauernden Eindruck hinterläßt.

Was nun aber bei Jeremias Gotthelf als elementare
poetische Veranlagung vorhanden war, nur nicht zu maß-
voller Künstlerschaft gedeihen konnte, das war in Gottfried Keller mit ebensolcher Stärke ursprünglicher Begabung vorhanden, nur gebändigt und erhöht durch seinen
künstlerischen Takt und künstlerische Selbstzucht. Und so

blieb auch der Realismus in Kellers poetischer Lebensauffaſſung und Lebensdarſtellung, ſo energiſch er ſich
geltend machte, doch weit entfernt von dem nagelſchuhigen
Naturalismus Gotthelfs; auch war Kellers poetiſche Natur-
ausrüſtung vielſeitiger, ſein poetiſcher Nerv feiner, ſein
Blick weiter und — was nicht zu überſehen iſt: obwohl
Gottfried Keller hauptſächlich als erzählender Dichter be-
rühmt geworden iſt, ſo iſt er doch auch ein Lyriker, der
trotz mancher Sprödigkeit unter die erſten Lyriker in der
zweiten Hälfte des Jahrhunderts zählt. Aus aller realiſtiſchen Objektivität aber, mit der Keller ſeine poetiſchen Gebilde hinſtellt, ſchaut eine einzigartige, ſtarke und ge-
ſchloſſene Perſönlichkeit mit ungewöhnlicher Deutlichkeit
heraus, und dieſes Perſönliche iſt es, worauf die tiefe
und nachhaltige Wirkung ſeiner Poeſie ebenſofeſt ſich
gründet als auf ihr objektiv künſtleriſches Gewicht. —
Wenn irgendwo, ſo läßt ſich bei Gottfried Keller der
Menſch vom Dichter nicht trennen. Er beſaß einen über-
aus geſunden, klaren Wirklichkeitsſinn, eine oft nüchtern
ſcheinende ſchlichtbürgerliche Lebensauffaſſung, ein un-
beſtechliches Pflichtgefühl und eine hohe Achtung vor jeder
einfachen Lebenstüchtigkeit, das gerade Gegenteil von jeder
romantiſchen oder modernen Genialitätsſucht. Er ſelbſt
hat nicht nur als unglücklicher Münchener Malerjüngling
Fahnenſtangen angeſtrichen, um ehrlich ſein Brot zu er-
werben, er hat auch ſpäter fünfzehn der beſten Mannes-
jahre hindurch die trockenen Amtspflichten eines Züricher
Staatsſchreibers mit muſterhafter Gewiſſenhaftigkeit ver-
waltet, das poetiſche Schaffen während dieſer Zeit ruhen
laſſen und nur ſtill die Kraft zu weiterem Schaffen ge-
ſammelt. Durch ſein ganzes Weſen ging ein ſtarkes

ethisches Pathos, das keinen Spaß und keine genial-
sophistischen Ausnahmsgesetze gegenüber all dem zuließ,
was ihm als unantastbare sittliche Lebensordnung erschien. Dieser ehrlichen Tüchtigkeit und einfachen, allem
Scheinwesen abholden ethischen Wahrhaftigkeit des Menschen hat man die gesunde frische Lust zu danken, die in
seinen Werken weht, den nahrhaften Duft aus der Acker-
scholle des wirklichen Lebens, die reiche Zahl jener kern-
gesunden Prachtgestalten, in deren Gesellschaft es einem
ohne weiteres wohl ist; daneben geht Keller dem Schlechten
und Gemeinen, das thatsächlich vorhanden ist, keineswegs
zimpferlich aus dem Wege, aber er stellt es nicht mit
dem stumpfen Behagen einer sich objektiv dünkenden
ethischen Urteilslosigkeit dar, sondern er geht, eben durch
eine objektive Darstellung, allem unerbittlich zu Leibe,
was nicht ehrlich lebenstüchtig ist, allem Angefaulten,
Muffigen, schnöd Egoistischen oder anmaßend Selbstge-
rechten, Heuchlerischen, Feigen. Dabei jedoch keine Spur
vom Moralphilister! Denn in dem klaren Wirklichkeits-
menschen und scharfen Beurteiler der Dinge und Menschen
lebte ein ungemein warmes, bis zur Weichheit anteil-
nehmendes Gemüt, eine bei aller scheinbaren Sprödigkeit
grundgute Seele, eine Fähigkeit, sich in andere hineinzu-
fühlen, auch ins Fremde sich einzuleben, ein unerschütter-
liches Vertrauen auf das Unzerstörbare in der Menschen-
natur, auf ihren immer wieder siegreichen Adel. Daher
kam bei aller ethischen Strenge Gottfried Kellers doch
auch seine humane Läßlichkeit und humorvolle Nachsicht,
mit der er auch dem schlechtesten Kerl und schlimmsten
Narren noch *etwas* abgewinnen, an der ärgsten Menschen-
dummheit noch ein ehrliches Vergnügen finden konnte; seine

Gestalten sind nie mit der Elle der Spießbürgermoral
oder dem Winkelmaß korrekter Verständigkeit gemessen,
er hat noch gemütswarme Teilnahme auch fürs Schief-
getretene, Fallite, kurz er weiß nach seinem eigenen Ausdruck „jedes Unwesen noch mit einem goldenen Bändchen
an die Menschlichkeit zu binden". Das ganz Gemeine,
Verlogene, herzlos Schlechte faßt er freilich oft sehr hart
an; aber wo irgend möglich, nimmt er auch seine Sünder
nicht pathetisch, kennt vollends keine Kinderstubengerechtig-
keit, sondern er zeigt das Schlechte und Dumme nur in
seiner eigenen Hohlheit, seinem inneren Unglück auf, läßt
es durch sich selbst zu Schaden kommen, vielleicht gar
noch durch ein Hinterthürchen mit einem allerdings stark
reduzierten Rest von Leben entwischen. Und umgekehrt
hat er auch kein falsches Pathos für das Gute und die
Guten, kennt keine Tugendspiegel, sondern weiß, daß auch
die tüchtigsten Lebenshelden ihr Gebreste haben, ihr Narren-
säcklein mit sich herumtragen. Daß das alles ohne Humor
nicht möglich ist, ist klar, und der Humor ist denn auch
ein wesentlicher Grundzug in Kellers Wesen, ohne daß ihm
darum der schwere tragische Ernst ferne läge. Es verband
sich in seiner Natur eine tiefe Empfindlichkeit für des
Lebens Leid und Bitterkeit mit einer unverwüstlichen
Lebenslust; das Leben hat ihn auch, wenigstens in der
Jugend und im ersten Mannesalter, hart mitgenommen,
er wußte aus eigener Erfahrung, was Not und Ent-
behrung jeglicher Art heißt, er hat scharf in Abgründe
hinuntergeschaut, in die manch anderer rettungslos hinein-
gestürzt wäre — und doch hat er bis zum letzten Augenblick die Freude am Dasein nicht verloren, seine Augen
„trinken lassen, was die Wimper hält, von dem goldnen

Ueberfluß der Welt". Und ebenso verband sich in seiner
Geistesrichtung der scharfe Blick fürs Kleine und Kleinste
der Wirklichkeit mit einer großen und vertieften Weltanschauung, weiter Bildungshorizont mit energischer Ablehnung alles schwächlichen Kulturschwindels, Schlichtheit
des Menschenverstandes mit philosophisch gerichteter Denk-
art, religiöses Ahnungsvermögen mit entschlossener reli-
giöser Freiheit, demokratischer Schweizersinn mit allgemein deutschem Nationalbewußtsein. All diese zum Teil
gegensätzlichen Elemente gingen in seinem geistigen und
gemütlichen Wesen zu einer originellen individuellen
Mischung zusammen, die notwendig auch den Humor erzeugen mußte. Die Richtung seiner poetischen Phantasie
aber entsprach dem allem: diese Phantasie war angefüllt
mit einer unglaublichen Menge von Einzelanschauungen
aus dem wirklichen Leben, wußte überraschenden Bescheid
bis in die heilige Lade einer alten Jungfer oder einen
Krammetsvogelmagen hinein und hatte, sowie es ans
Schaffen ging, Tausende von Einzelzügen zur Verfügung,
um ihren Gebilden die reichste Ausstattung realistischer
Lebenswahrheit mitzugeben; aber sie sah trotzdem das
Leben nicht in seiner Zersplitterung, sondern in seiner
Ganzheit, sie setzte es nicht mosaikartig zusammen, sondern
schaute es in der Totalität seiner inneren Zusammenhänge.
Daß wir dem Menschen ins Herz schauen und sein Geschick in der Welt verstehen, dazu allein zeigt uns Gottfried Keller auch sein äußeres Behaben und seine Um-
gebung so genau; daß die poetische Seelenstimmung sich
auf den Leser übertrage, dazu flimmern und zittern tausend
wechselnde Lichter über all die Sächlein, die als bunter
Kram des Alltagslebens sich an den Menschen und seine

Schicksale hängen. Und ebenso schreibt Keller die socialen
und ethischen oder etwa auch historischen Zustände, welche
die Wirklichkeit bietet, nicht um ihrer selbst willen in
ihrer unverarbeiteten und unverantwortlichen Thatsäch-
lichkeit ab, sondern auch das nimmt seinen Weg durch
einen produktiven Umbildungsprozeß, in dem Phantasie
und ethische Urteilskraft sich in die Hände arbeiten auf
dem Grunde einer klaren und doch unendlicher Ahnungen
vollen Weltanschauung. Bei Gottfried Keller kann man,
wie kaum bei einem anderen, studieren, was echter poetischer
Realismus im Unterschied von unkünstlerischem Naturalismus ist, und wo die scharfe Grenze zwischen beiden läuft.
— Die große Anschauungsenergie und plastische Ver-
dichtungskraft, die Kellers Phantasie überdies besaß, hing
ohne Zweifel auch mit dem zusammen, was vom Maler
in ihm stak. Der 1819 in Zürich geborene Dichter ist sich
verhältnismäßig sehr spät über sich und seinen eigentlichen Beruf klar geworden; vom fünfzehnten bis drei-
undzwanzigsten Jahr quälte er sich, seit 1840 in München,
mit der Malerei und mühte sich vergebens, als Maler
mit der Natur ins rechte Verhältnis zu kommen. Sein
Drang nach Anschauung und phantasiemäßiger Gestaltung
hatte sich nur in dem gewählten Ausdrucksmittel vergriffen;
sowie er aber Pinsel und Palette weggeworfen und zu
seinem wahren Handwerkszeug gegriffen hatte, dem Dichter-
wort, das ihm in urwüchsiger persönlicher Fülle und
scharftreffender Sachlichkeit zu Gebote stand, so kamen alle
Kräfte seiner Phantasie, die am Maler verloren gegangen
waren, dem Dichter zu gute, und das rechte Verhältnis
zur Natur fand sich rasch, denn er trug es als Dichter
in sich. Und aus all seinen Jugendirrtümern erwuchs

ihm sein großes Erstlingswerk, „Der grüne Heinrich",
mit dem er sofort alles hinter sich ließ, was an den
Durchschnitt erzählender Poesie erinnert, ja nicht nur das,
sondern auch Werke wie Mörikes „Maler Nolten", durch
den er immerhin einige Anregung erhalten haben mag.
Vor dem „grünen Heinrich" hatte Keller, 1846 und 1851,
Gedichte erscheinen lassen, mit denen er zum Teil der
politischen Lyrik der vierziger Jahre seine Abgabe ent=
richtete; den „grünen Heinrich" selbst schrieb er langsam
und mit vielen Unterbrechungen in Berlin, wo er die erste
Hälfte der fünfziger Jahre zur Vollendung seiner Studien
verbrachte — mit einem Züricher Staatsstipendium, aber
in allerlei Nöten, im übrigen vom geistigen Berlinertum
völlig unbeeinflußt. 1854 war der „grüne Heinrich" fertig.
Man mag das Werk einen autobiographischen Roman
nennen, denn Keller hat in ihm nicht nur Abrechnung
mit seiner Jugend gehalten, sondern auch eine Masse von
Einzelheiten, oft gerade der reizvollsten Art, aus den
wirklichen Erlebnissen seiner Kindheit und Jugend ver=
arbeitet. Aber dennoch hat er nicht etwa die Roman=
form verwendet, um seine Jugendbiographie zu schreiben,
sondern umgekehrt: er hat aus den wirklichen Erlebnissen
und Erfahrungen das verwendet, was ihm poetisch taug=
lich schien, um seiner Lebensstimmung an einem Wende=
punkt seines Lebens Ausdruck zu geben; das Werk ist
nicht als „Dichtung und Wahrheit", sondern rein als
Dichtung zu fassen. Als solche ist sie durch und durch
getränkt vom eigenen Herzblut des Dichters und doch
wieder von seiner gestaltenden Phantasie mit einer künst=
lerischen Objektivität hingestellt, die das Werk von den
persönlichen Lebensbeziehungen des Dichters ablöst und

ins Allgemeingültige erhebt. Es wird so zu einem poetischen Bild jugendlicher deutscher Welt- und Lebensauffassung, das keineswegs mit seiner Zeit veraltet ist und
nicht so schnell veralten wird, solange in der deutschen
Jugend noch ungebrochenes realistisches Lebensbegehren mit
den idealen Anforderungen des deutschen Gemütes und
diese wieder mit den harten Realitäten des Lebens sich
auseinanderzusetzen haben. Den herben tragischen Aus-
gang, den diese Auseinandersetzungen in der ursprünglichen Fassung des Werks gewannen, hat Keller in einer
späteren Ueberarbeitung, die auch künstlerisch manches ver-
einfachte und höher hob, zu innerer Versöhnung gemildert;
und das war keine Abschwächung oder willkürliche Um-
biegung eines tragisch Notwendigen, sondern die ganz
richtig empfundene Ueberleitung des jugendlichen Ringens
und Irrens in männliche Fassung — überdies poetisch
wirksamer und konzentrierter als etwa die umständlichen
prosaischen Fassungsbestrebungen des Goethe'schen Dilet-
tanten Wilhelm Meister, über die man doch einmal poetisch
hinauskommen mußte. Weiterhin hat Keller mit Vorliebe eine Reihe von kleineren Erzählungen zu Bündeln
zusammengefaßt, vor allem in seinen „Leuten von Seldwyla", deren erster Teil wie der „grüne Heinrich" schon
in Berlin entstanden und nach seiner Heimkehr nach Zürich
im Jahr 1856 erschienen ist; der zweite Teil folgte erst
1874. Auf die „Leute von Seldwyla" gründet sich hauptsächlich Kellers Ruhm, und insofern nicht mit Unrecht,
als man ihn hier am leichtesten und sichersten in allen
Eigentümlichkeiten seiner dichterischen Persönlichkeit zu
fassen vermag. Der hohe künstlerische und poetische Wert
dieser Geschichten aber beruht einmal auf einer einzig-

artigen Erzählerkunst — sie ist freilich von der Heyse-
schen Art sehr verschieden und mißfällt zuweilen denen,
die in der Heyse'schen Novelle das Muster aller Erzählung sehen, aber sie ist von einer schlichten Natürlichkeit und ungekünstelten Sachlichkeit, die dem Wesen der
Erzählung doch am Ende noch besser entspricht als die
bis zum Virtuosenhaften gehende novellistische Kompo-
sitionsmethode Heyses und seiner Schule; sodann aber
ragen die Seldwyler Geschichten hervor durch eine wunder-
bar sichere poetische Menschen- und Lebensgestaltung —
sie ist von jener herrenmäßigen Art, die nur großen
Dichtern auf ihrem besonderen Gebiete eigen ist. So un-
gewöhnlich im Grunde alles ist, so selbstverständlich sieht
es wieder aus; so individuell beschränkt diese Menschen,
ihr Treiben und ihre Schicksale sich darstellen, so typisch
sind die Seldwyler doch für all das Menschenwesen, das
vom Alltag umfangen aus ihm herausstrebt, um entweder
als Narr des Glückes und Narr der eigenen Thorheit
und Leidenschaft wieder in den Alltag zurückzusinken oder
aber kraft der eigenen gesunden Tüchtigkeit sich fester auf
dem Boden des wirklichen Lebens zu gründen und doch
ein erhöhtes Leben darüber hinaus zu gewinnen, auch den
Alltag ins Licht des Ewigen zu heben. Und Kellers Phantasie durchläuft dabei die ganze Reihe der Möglichkeiten
von der trockensten Wiedergabe des Wirklichen bis zum
freiesten märchenhaften Spiel der Erfindung, sein poetisches
Empfinden geht in einer langen Stufenreihe hin und her
zwischen der düsteren und doch herrlich übergoldeten Tragik
in „Romeo und Julie auf dem Dorfe" und dem barock
ausgelassenen Humor der „drei gerechten Kammmacher",
sein ethisches Pathos weiß Schuld und Sühne auch dem

Alltagsleben so sicher abzugewinnen, wie es den humoristischen Schaden auch an der anspruchsvollsten oder liebens-
wertesten Menschenerscheinung ohne jede Bosheit heraus-
findet. Und so sicher sich das alles auf schweizerischen
Heimatboden stellt, so sicher ist auch, daß ein Türmchen
von Seldwyla in jeder deutschen Stadt ragt, ja überall,
wo Menschen wohnen. Wesentlich höher als mit den
„Leuten von Seldwyla" konnte Gottfried Keller nicht
wohl kommen, er konnte nur die hier bewiesene Poetenkraft und Kunst weiterüben, nach der einen oder anderen
Seite ausfeinen, etwa auch an neuen Stoffen bewähren.
In ganz einzigartiger Weise that er das in den „Sieben
Legenden", die in ihrem Ursprung auch noch auf Kellers
Berliner Zeit zurückgehen, obwohl sie erst 1872 ans Licht
getreten sind. Wie Keller hier einer Anzahl kirchlicher
Legenden „das Antlitz nach einer anderen Himmelsgegend
wendet", ohne jede Frivolität, mit einer unnachahmlichen
Mischung von milder Andacht und schalkhaftem Humor,
das steht einzig da in der Litteratur; und seine Sprache
gewinnt hier eine ganz besondere Feinheit und Grazie.
Es wird wenige Stücke in unserer Prosalitteratur geben,
die so bis ins letzte Wort hinein von Poesie gesättigt sind
wie das „Tanzlegendchen"; die Gestalten stehen so lieb-
lich selbstverständlich da wie tanzende Paradiesesfigürchen
auf einem Altarblatt von Fiesole, und doch spricht aus
dem Ganzen jener erhabene Humor, der das Walten der
Vergänglichkeit auch in den hehren Gestalten des Glaubens
anschaut und verehrt. Mit den „Züricher Novellen" nahm
Keller nach der langen Pause seines Staatsschreibertums
die poetische Thätigkeit wieder auf — am Ende der siebziger Jahre. Mit einer Ausnahme waren es diesmal

historische Novellen und sie zeigten (wie schon „Dietegen"
unter den Seldwyler Geschichten), daß Kellers Erzählungskunst auch historischen Stoffen gewachsen war, sowohl was
realistische Auffassung als was poetische Erhöhung des
Stoffes und seinen kulturhistorischen Stimmungston be-
trifft; und vor aller antiquarischen Pedanterie bewahrte
ihn schon der Humor, der auch hier immer wieder drein-
sprach. Das Prachtstück dieser Sammlung, „Der Land-
vogt von Greifensee", ist zugleich überhaupt eine der ver-
gnüglichsten Leistungen Kellers, und hier wie sonst spürt
man das tiefe Gemüt des Dichters, der keineswegs frei-
willig Junggeselle geblieben ist, unter anderem auch in
der Zeichnung von Frauengestalten; mit der Figura Leu
vor allen hat er wieder jene „lieblichste der Dichtersünden"
begangen, „süße Frauenbilder zu erfinden, wie die bittere
Erde sie nicht hegt" — und doch zuweilen hegt, wenn
ein Dichter näher zusieht. Diese übrigens schon vom
„grünen Heinrich" an bewährte Kunst, Frauengestalten
als lebendig reale Wesen und doch nicht von dieser Welt
erscheinen zu lassen, hat Keller auch in dem Novellen-
bündel „Das Sinngedicht" wieder mit besonderem Behagen geübt. Mit den Wurzeln der Entstehung greift
auch dieses Werk noch auf seine Berliner Zeit, also in
die ersten fünfziger Jahre, zurück, es wurde aber erst im
Jahr 1881 ausgearbeitet. Die Voraussetzung, auf der
die Rahmennovelle ruht, ist närrisch humoristischer Art,
aber man ist sehr bald geneigt, sie einfach anzunehmen,
denn was sich auf ihr aufbaut, ist eben doch unbestreit-
bares Leben; und ähnlich geht es bei verschiedenen der
in den Rahmen eingefügten Einzelnovellen: teck von der
Phantasie hingesetzte Bedingungen werden von der Lebens-

wahrheit der Ausführung glaubhaft erfüllt. Von ethischen
Lebensverhältnissen, mit denen sich Kellers Erzählungen
meistens beschäftigen, ging er in seinem letzten Werke,
dem 1886 veröffentlichten Roman „Martin Salander" auf
das Gebiet des öffentlichen Lebens, der politischen und
kommerziellen Verhältnisse. Dergleichen war allerdings
schon in Seldwyler Geschichten wie „Frau Regel Amrein"
oder im „Fähnlein der sieben Aufrechten" in den „Züricher
Novellen" angefaßt worden; jetzt entfaltete es Keller zu
einem ausgebreiteten Bild moderner Zustände. Man hat
den Roman zu specifisch schweizerisch gefunden, und zum
vollen Genuß erfordert er allerdings mehr Vertrautheit
mit schweizerischem Leben, als man auf einer flüchtigen
Sommerreise sich erwirbt. Keller selbst mit seiner unerbittlichen Selbstkritik war nicht recht mit dem Werk
zufrieden, meinte, es sei zu wenig Poesie darin. Und
doch enthält es noch eine reiche Fülle von Poesie in Ernst
und Humor, Poesie, die von der Kenntnis schweizerischer
Zustände ganz unabhängig wirkt, Gestalten, die bei aller
scharfen Individualisierung doch typisch für modernes
Leben sind. Die Stimmung der Besorgnis um die Gesundheit des Volkslebens aber, die aus diesem Roman
spricht, fand in den siebziger und achtziger Jahren in
Deutschland so viel oder noch mehr Nahrung als in der
Schweiz. — In seiner Berliner Zeit hatte sich Gottfried
Keller merkwürdig viel mit dramatischen Plänen getragen
— es ist nichts davon fertig geworden, der Erzähler trat
dem Dramatiker in den Weg. Aber um so kräftiger hat
sich Keller als Lyriker ausgesprochen, seine 1883 ge-
sammelt erschienenen Gedichte bergen vollkarätiges lyrisches
Gold. Die Glätte der Münchener Formkunst fehlt ihnen

freilich, sie bieten zuweilen Ecken und Kanten und ihre
Sachlichkeit mutet manchmal etwas spröde an. Aber doch
ist es echte, groß empfundene und geschaute Lyrik, die
ihren durchaus eigenen Ton hat und gar nicht selten
auch vom reinsten Wohllaut tönt. Leichtbefrachtet sind
allerdings die wenigsten der Keller'schen Gedichte, sehr
viele haben irgend einen schweren Gehalt von Gedanken
und Weltanschauung oder von ganz eigener, persönlich
wuchtiger, oft herber Stimmung; aber auch die schwere
Fracht wird in der Regel auf den Fluten der Empfindung
und des Klanges dahingeführt, mit Farbe und Licht der
Anschauung erhellt. Und wenn auch die große Mehrzahl
eine gewisse objektive Ruhe der Betrachtung festhält, das
Ringen der Seele schon in einem beruhigten Abschluß
zeigt, so hört man unter der stillen Oberfläche doch deutlich genug das heiße Blut des Dichters strömen und
pochen. Auch Humor und scharfe Satire fehlen natürlich
in dieser Lyrik nicht; in einer größeren satirischen Dichtung „Der Apotheker von Chamounix" hat Keller eine
grotesk-närrische Abrechnung mit Heine gehalten, die einen
beachtenswerten Beitrag zu dessen Würdigung giebt; und
auch seine politischen Gedichte enthalten neben manchem
Vergänglichen doch auch vieles weiterhinaus Gültige von
schöner patriotischer Wärme oder von schwertscharfer, zorni-
ger Satire. — Im Sommer 1890 ist Gottfried Keller
gestorben, nachdem er noch den vollen Ruhm in seiner
bescheidenen Weise entgegengenommen hatte. Er war einer
von denen, bei denen man immer wieder Trost und Labsal
für die arme Seele findet, weil über der unverfälschten
Lebensdarstellung, die er giebt, nicht ein trüber, rußiger
Nebel liegt, sondern allzeit Sonnenschein, auch wenn er

ſich erſt durch ehrliche Wolken hindurchringen muß, und
weil er für die reichen poetiſchen Schätze, die er zu ver=
walten hatte, in ſeiner eigenen Perſönlichkeit jene zwei
Hüter hatte, die „in goldnen Wappenröcken am Standarten=
ſchaft lehnen“: das Gewiſſen und die Kraft.

Eine ganz anders geartete Poetennatur als Gottfried
Keller war ſein Züricher Landsmann Conrad Fer=
dinand Meyer. Man hat ſich gewöhnt, beide zuſammen
zu nennen wie Hebbel und Ludwig, ſie unterſcheiden ſich
aber noch mehr als dieſe; gemeinſam haben ſie nur die
allgemein deutſch=ſchweizeriſche Stammesart, das damit
verbundene Wurzeln im Heimatboden und den poetiſchen
Realismus. Denn poetiſcher Realiſt war auch Conrad
Ferdinand Meyer ſowohl in ſeiner Lyrik als in ſeinen
hiſtoriſchen Novellen; daß er, 1825 geboren, erſt in den
ſiebziger Jahren eigentlich in die Litteratur eingetreten
iſt, iſt kein Grund, ihn der Poeſie dieſes Jahrzehnts zu=
zurechnen: er hatte mit ihr nichts gemein als etwa die
Vorliebe für hiſtoriſche Stoffe, mit ſeiner ganzen poetiſchen
Geiſtesart ſteht er trotzdem in der Reihe der älteren
Realiſten, und daß er viel ſpäter als die anderen, ge=
wiſſermaßen als ihr Nachzügler, aufgetreten iſt, hängt
lediglich mit ſeiner eigentümlich verzögerten geiſtigen Ent=
wickelung zuſammen. Seine ganze Jugend, bis über das
vierzigſte Jahr hinaus, verfloß ihm in unbefriedigtem
Suchen nach dem, was er auf der Welt ſein und thun
ſolle, ohne daß eine äußere Notwendigkeit ihm einen be=
ſtimmten Beruf nahegelegt hätte, in allerlei zwangloſen
und doch im Grund ziellofen Bildungsbeſtrebungen, in
Studien und Reiſen, im Herumtaſten eines ungemein
ſenſibeln Gemütes, in das Nervenkrankheit und ſchmerz=

liche Herzenserlebnisse trübe Schatten warfen. Erst im
reifen Mannesalter fand er Mut, Kraft und Klarheit,
seinen Beruf in der Poesie zu erfassen und als Schaffen=
der vor die Welt zu treten. Und das traf zusammen mit
einer Wendung seiner geistigen Bildungsrichtung, die sich
unter dem Eindruck des Jahres 1870 in ihm vollzog,
einer bewußten Wendung von vorzugsweise französischer
Bildung zu deutscher Bildung, die ihm innerlich doch ge=
mäßer war und unbewußt auch schon in ihm gereift war.
So trat er gleich mit einer so gut wie fertigen dichterischen
Persönlichkeit in die deutsche Litteratur ein zu einer Zeit,
deren Einflüsse dieses Persönliche nicht mehr tiefer be=
rühren konnten, weil es schon in einer früheren Zeit sich
still entwickelt und nur unter dem Eindruck eines be=
stimmten Zeitereignisses die Augen aufgemacht hatte. —
Von Gottfried Keller unterschied sich Meyer einmal dadurch,
daß seine Phantasie das Leben weniger in seinen unmittel=
bar gegenwärtigen Formen und Erscheinungen anzuschauen
und darzustellen liebte, als vielmehr durch den Spiegel
des Geschichtlichen; das heißt aber auch: seine poetischen
Anschauungen waren ihm mehr durch Bildung vermittelt,
während Keller sie mehr dem unmittelbaren Leben ab=
schaute; und ferner: während in Keller vor allem die
Natur des Dichters arbeitete und sich von selbst zur
Künstlerschaft entfaltete, stand bei Meyers poetischem
Schaffen der bewußte Künstler in erster Linie — erst als
er seiner Künstlerschaft sicher zu sein glaubte, hat er Zu=
trauen zum Dichter in sich gewonnen. Will man daher
beide gegeneinander abschätzen, wie man so häufig thut,
so müßte man eigentlich sagen: Meyer mag innerhalb
seines poetischen Umkreises der größere, d. h. ausge=

glichenere Künstler sein, Keller ist doch der größere und
ursprünglichere Dichter. Damit steht aber Meyer doch
keineswegs auf der Linie der Münchener Formkunst, vielmehr sind die Mittel seiner Lebensdarstellung, auch wo
sie am Historischen sich entfaltet und bestimmte Bildungs-
voraussetzungen macht, doch wesentlich realistischer Art;
und derselben Art sind auch seine speciell lyrischen Ausdrucksmittel. — Die Lyrik bedeutet im Verhältnis zur
Prosadichtung bei Meyer mehr als bei Keller, wenngleich
auch sein Ruhm sich vorzugsweise auf seine Novellen
gründet. Meyers Lyrik ist nicht die kampfgemute, lebens-
sichere oder aus Philosophie und Humor oder Satire ge-
mischte Betrachtungslyrik, die bei Keller wenigstens vor-
herrscht, sie ist vielmehr zum größten Teil entweder reine
Stimmungslyrik im engeren Sinn oder jene bis an die
Grenze des Epischen gehende Balladenlyrik, welche insbesondere historische Stimmungseindrücke in Gestalten und
Situationen verwandelt. Die persönliche seelische Stimmung bewegt sich deutlich zwischen zwei Polen hin und
her: dunkle Schwüle dahinten, mit der es immer von Zeit
zu Zeit wieder zu ringen gilt — und vorwärts aufatmende
Freude an einem großen stillen Leuchten auf den Höhen
des Lebens oder auch an kleinem bescheidenem Licht, das
doch erhellt und wärmt. Es ist etwas wie Vergangenheits-
poesie in Meyers Lyrik, reife Fülle des Sommers, die den
Frühling schon hinter sich hat und beginnendes Welken
ahnen läßt. Häufig ist allerdings nicht das seelische Er-
lebnis das erste, sondern irgendwelche Anschauung aus
Natur oder Kunst, welche dann erst mit Stimmung sich
füllt; und so ist auch die lyrische Ausdrucksweise mehr
plastisch als *musikalisch*. Der Stil ist unbedingt indivi-

duell, wenn man ihn aber mit irgend einer Richtung in
der modernen Lyrik in Beziehung setzen soll, so ist er
durchaus realistisch zu nennen: der bildmäßige Ausdruck
für das Empfundene wird schlechtweg der Wirklichkeit ent=
nommen, wird sehr oft gewonnen durch ein scharfes und
knappes Hinsetzen von wenig Thatsachen nach= und neben=
einander, oder es wird wenigstens auf diese Weise die
Summe der angeschlagenen Empfindungen und An=
schauungen vollends in gedrängter Zuspitzung gezogen.
Allerdings bekommt dies zuweilen etwas allzu Epigram=
matisches oder gar den Anschein, als ob es mit trockenem
Kunstverstand so hingesetzt, als ob die prägnant realistischen
Züge bewußt gewollt seien. Auch das Balladenartige, das
einen breiten Raum in Meyers Lyrik einnimmt, zeigt
diesen Stil. Irgend eine historische Stimmung oder Ge=
stalt in einer scharfumrissenen Situation oder auch in
einem kurz erzählten Ereignis hinzustellen, treibende Mächte
der Geschichte zu personifizieren — in dieser Kunst wett=
eifert C. F. Meyer mit Hermann Lingg, und er übertrifft
ihn nicht selten in der Schärfe, mit der das realistische
Einzelne gegeben wird. Doch fällt er dabei nicht leicht
ins Kleinliche, es ist doch ein großer Zug darin, ein be=
wegtes Wehen und Sausen in den historischen Gewand=
falten, das sie nicht zu bloßen Kostümstücken herabsinken
läßt. Nur die Gefahr der Verschiebung des dichterischen
Symbols nach der Seite der historischen Allegorie und
im Zusammenhang damit eine Verschiebung der Maß=
verhältnisse in der poetischen Anschauung vermeidet Meyer
nicht immer. Im Wesen lyrisch, eine erweiterte Balladen=
dichtung ist auch Meyers größere Dichtung in Versen
„Huttens letzte Tage", die an poetischem Gehalt keiner

feiner Novellen nachsteht, durch die gediegene rhythmische
Form sogar einen Vorrang vor ihnen gewinnt, während
seine andere größere Dichtung „Engelberg" nicht daneben
aufkommt. Die letzten Lebenstage und die Sterbetage
Huttens auf der Ufnau, im Jahr 1523, führt Meyer hier
in einer Reihe von Balladen und lyrischen Stimmungs-
bildern vor, und es entsteht ein stark verdichtetes poetisches
Gesamtbild jener Zeit, all ihre geistigen Mächte kommen
zum Wort, und doch lagert die feierlich gedämpfte Stille
des nahenden Todes über all dem und erzeugt eine Stimmung, die über die Erregung des Kampfes hinausträgt.
— Schon Meyers Lyrik, nicht am letzten sein (1872 er-
schienener) „Hutten", zeigt einen Hauptcharakterzug seiner
Poesie, der sich dann in seinen Novellen noch weiter entfaltet: den Drang nach höchster künstlerischer Konzentration.
Seine Phantasie und sein Kunstverstand ruhten nicht, bis
die Fülle der Bilder, die irgendwie aus einem gegebenen
Stoffe sich hervordrängten, auf die einfachsten charakteristischen Grundlinien eines einheitlichen Gesamtbildes zu-
sammengedrängt waren. Unter einem Dutzend Möglichkeiten von Zügen, Farben, Linien wählte er mit größter
Sorgfalt und taktvoller Sicherheit, oft in langwieriger
Arbeit eben das, was im gegebenen Falle das Bezeich-
nendste war, die kürzeste oder die am leichtesten zu ver-
folgende Linie gab. Auch das ist Realismus — einer freilich, den man ebensogut künstlerischen Idealismus nennen
könnte, wenn man ihn in Vergleich mit einer naturalistisch
breiten, alles Zufällige wahllos aufnehmenden Wirklichkeitsdarstellung bringt. In Meyers zwischen 1873 und
1891 erschienenen Novellen kann man diesen Drang nach
Vereinfachung beinahe chronologisch verfolgen. Nach dem

Vorschlag, den die Novelle „Das Amulett" gab, kam zuerst
der „Jürg Jenatsch", der als Roman gelten sollte und
neben großer Gestaltungskraft in Figuren und Situationen
auch einzelne unvermeidliche Mängel seiner Gattung zeigt
— in Wahrheit ist er eine zum Roman ausgesponnene
Novelle oder ist ein Roman geworden, weil der Dichter
noch nicht seine ganze Kunst der erzählenden Konzentration
besaß. Dann folgte die große Novelle „Der Heilige" —
sie hat immer noch etwas vom Zug des Romans in die
Breite, obwohl sie im übrigen eine ungemeine und mit
hoher Kunst verhaltene Kraft der psychologischen Leiden=
schaftsentwickelung zeigt. Nun aber kam „Die Hochzeit
des Mönches", hier ist der Typus der novellistischen Kunst
C. F. Meyers ein für allemal festgestellt: reiche Lebens=
fülle des Inhalts, unerbittliche Realität des Lebenswahren,
überquellender Reichtum der Anschauungen, aber knappste
Stilisierung des Vortrags, sorgfältigste, fast zu deutlich
merkbare Auswahl des Charakteristischen. Auf dieser Linie
bewegen sich mit allerlei Schwankungen und Modifikationen
die Novellen „Der Schuß von der Kanzel", „Plautus im
Nonnenkloster", „Das Leiden eines Knaben", „Gustav
Adolfs Page"; sie sind allerdings vor der „Hochzeit des
Mönches", die meisten aber ganz kurz vorher entstanden
und bilden unter dem fraglichen Gesichtspunkt e i n e Gruppe
mit ihr. In der „Richterin" sodann war schon die Neigung
zu verspüren, die Verdichtung des Stoffes in den Linien
der Form noch über das bisher geübte Maß hinauszu=
treiben. In den beiden letzten Novellen aber, „Die Ver=
suchung des Pescara" und „Angela Borgia", ist die Kon=
zentration zu einer Filtration geworden, die vieles stoff=
lich Wichtige nicht mehr durchläßt und zuweilen eine Ver=

trautheit mit der Geschichte voraussetzt, wie sie nur bei
den wenigsten Lesern zu finden sein mag; andererseits
zeigt sich hier eine gewisse Ermattung insofern, als auch
wieder manches Stoffliche nicht mehr genügend poetisch
verarbeitet ist. Man sieht in dieser ganzen Novellenreihe
sehr deutlich die großen künstlerischen Vorzüge, aber auch
die Gefahren der Schaffensweise Meyers; Unterhaltungs-
futter giebt er gar nicht, aber er verlangt ein gebildetes
Organ ästhetischer Aufmerksamkeit und Gebuld, das im
Publikum nicht allzuhäufig zu finden ist, immerhin eher
bei dem in aller Bildung naiv gebliebenen Leser, der
wenig liest, als bei den überbildeten zerlesenen Omnivoren.
Ebenfalls sehr bezeichnend für Meyers Art und ein wich-
tiges technisches Hilfsmittel für die poetische Charakterisierung und Konzentrierung ist seine Neigung, die eigentliche Geschichte nicht selbst zu erzählen, sondern durch einen
anderen in einer bestimmten Situation erzählen zu lassen,
die an sich schon das Interesse gewinnt oder steigert.
In der „Hochzeit des Mönches“, wo dieses technische Ver-
fahren die größte Wirkung thut, ist es kein Geringerer als
Dante, der am Hof des Cangrande in Verona die Geschichte aus der Zeit Ezzelinos von Padua mit steter Beziehung auf seine Zuhörer mitteilt. Indem so der Dichter
seine Erzählung durch die Phantasie und den Mund eines
anderen Erzählers gehen läßt und diesem eine bestimmte
Individualität und Situation leiht, führt sich das Stoffliche immer mehr auf das eigentlich Wesentliche und
Charakteristische zurück, erhält alles eine erhöhte Realität
und doch die übers gemein Wirkliche hinausgehende Be-
leuchtung eines bestimmten Temperaments; der Dichter
aber verschwindet hinter seinem Werk. Man mag das

raffiniert nennen, und es ist allerdings ein Zeichen dafür, welch großen Wert Meyer auf die Wirkung des Technischen und formal Künstlerischen in der Poesie legte. Aber die Poesie kam doch nicht zu Schaden dabei, und wenn seine Novellen auch nicht die unmittelbar lebenweckende und im besten Sinne volkstümliche Wirkung thun wie die Gottfried Kellers, das Ethische aus mehr entlegenen Kulturvoraussetzungen ableiten und mit weniger starkem Herzstoß des Persönlichen geben: bloße Formkunst ist seine Kunst doch nicht und an poetischem Lebensgehalt steht seine Poesie doch einzigartig da.

In die Reihe der älteren poetischen Realisten, die aus ihrer Zeit durch besondere Bedeutung herausragen, gehört auch Wilhelm Jordan, der einzige aus der Reihe, der — 1819 wie Gottfried Keller geboren — das Ende des Jahrhunderts erlebt hat. Freilich gehört auch er unter diese Realisten nicht im Sinne einer feststehenden Schablone, sondern wie alle anderen nur in seiner ganz besonderen individuellen Art, ohne jeden Schulzusammenhang. Aber wenn der poetische Realismus doch schließlich darin besteht, daß — nach einem Ausdruck Fr. Vischers über C. F. Meyer — „das Ideale in den Granitgrund der unerbittlichen Lebenswahrheit eingesenkt" wird, so trifft das auch auf Wilhelm Jordans Poesie zu, ihrem Gehalt wie ihrer Ausdrucksweise nach, ob man nun seinen „Demiurgos" oder seine „Nibelunge", seine „Andachten" oder seine Lustspiele oder auch seine Romane in Betracht ziehe. Und wenn man durchaus haben will, daß ein Dichter „modern" sei, um zu gelten, so ist Jordan das in ungewöhnlichem Maße, so schroff er sich „der Moderne" im verengten allerneuesten Sinn entgegengestellt hat: von

jungdeutſchen Anwandlungen bis zu Nietzſche, deſſen beſſere
Ideen er poetiſch vorweggenommen hat, findet ſich bei
Jordan alles, was an der modernen Geiſtesentwickelung
weſentlich und — geſund iſt. Ueber ſeine ſpeciell poetiſche
Bedeutung ſind allerdings die Meinungen ſehr geteilt:
ſoviel unbedingte Verehrer er ſich namentlich durch ſeine
„Nibelunge“ gewonnen hat, ſo kühl und zweifelnd ſtand
und ſteht ihm vielfach die Kritik und Litteraturgeſchichts=
ſchreibung gegenüber, die ihn gern als bloßen „Reflexions=
poeten“ beiſeite ſchiebt — mit Unrecht. So viel iſt ja
wahr: der Oſtpreuße Jordan beſitzt nicht das Maß von
unmittelbarer Intuition und rein poetiſch gerichteter Phan=
taſie wie etwa der Schwabe Mörike oder der Schweizer
Keller, die „denkende Aufgabe“ der Poeſie beſchäftigt ihn
meiſt in erſter Linie; aber ähnlich wie Hebbel iſt er doch
auch der „künſtleriſchen Aufgabe“ gewachſen, er weiß den
Gedanken, wenn er einmal da iſt, in Anſchauung und
„Eindruck“ zu verwandeln, der mit dem Denken errungenen
Weltanſchauung mit Phantaſiebildern zu folgen, wenn ſie
auch nicht jederzeit reſtlos in ihnen aufgeht. Und im
übrigen iſt Jordan — auch darin Realiſt — einer von
den Dichtern, deren Bedeutung nicht bloß im äſthetiſch
Formalen liegt, ſondern in der Kraft und Tiefe der
geiſtigen, ethiſchen Perſönlichkeit, welche die Formen füllt.
In dieſer Beziehung aber darf Jordan nicht nur als ein
poetiſcher Deuter der von ihm durchlebten Gegenwart,
ſondern auch als ein Seher der deutſchen Zukunft gelten;
er hat nicht nur die ganze deutſche Entwickelung vom An=
fang der vierziger Jahre bis zum Ende des Jahrhunderts,
alſo vom Beginn der politiſchen Lyrik bis zum Bankerott
„der Moderne“ in ſeiner Art mit durchlebt, ſondern er

hat auch zu einer Zeit, da man noch wenig Verständnis
dafür hatte, auf eine zukünftige deutsche Entwickelung ge-
deutet, die erst das nächste Jahrhundert bringen muß und
die wir erst jetzt klarer ins Auge zu fassen beginnen. —
In den vierziger Jahren beteiligte sich Jordan poetisch
und praktisch an der Zeitbewegung, poetisch mit Gedichten,
aus denen auch jungdeutsche Anklänge zu vernehmen waren,
praktisch als Abgeordneter zum Frankfurter Parlament
und Ministerialrat für die deutsche Flotte. Aber in der
ersten Hälfte der fünfziger Jahre, in dem 1852—54 erschienenen Mysterium „Demiurgos" begann er die ihm
eigene Weltauffassung zu entwickeln, die er nicht nur in
prosaischen Schriften, wie in seinen „epischen Briefen"
oder der „Erfüllung des Christentums" oder in der Ge-
dankenlyrik seiner „Andachten" weiter verfolgt hat, die
vielmehr auch den eigentlichen Gedankengehalt und Welt-
anschauungskern seiner großen epischen Dichtung „Die
Nibelunge" bildet. Aus all diesen Werken spricht aufs
bestimmteste ein einheitliches und starkes Lebenspathos,
der Dichter setzt alle Kraft des Denkens und der Phantasie,
des Gemüts und Willens daran, über den inneren Zwie-
spalt der Weltanschauung hinauszukommen, der immer
unheilvoller durch das Jahrhundert gegangen ist und an
dessen Ueberwindung nur die tiefsten und umfassendsten
Geister ernsthaft und nicht erfolglos gearbeitet haben. Die
neuen Erkenntnisse und Lebensformen des Jahrhunderts
nicht nur — wie der landläufige Liberalismus that —
als gegeben hinzunehmen und einseitig mit dem Intellekt
zu erfassen, sondern sie mit Gemüt und Phantasie zu
vermitteln und in den Willen aufzunehmen und so einer
neuen religiösen Weltauffassung, dem „deutschen Glauben"

der Zukunft näher zu kommen, das war's, wornach Jordan forschend, denkend und dichtend rang, was er als eine Lebensfrage nicht nur für den Einzelnen, sondern für die Nation und für die Menschheit anschaute und anfaßte. Und zwar nicht in der unhistorischen Weise, die in üblem Pochen auf unser heutiges Naturerkennen über alle früheren Weltanschauungen zur Tagesordnung übergeht, sondern mit dem redlichen Bemühen, das Beste in unserer heutigen Welterkenntnis mit dem Bleibenden am altgermanischen Glauben, am Griechentum und Christentum in Eins zu schauen und zu fühlen; auch nicht in jener kosmopolitischen Art, die einem abstrakten Menschheitsideal nachjagt, sondern mit der klaren Erkenntnis, daß nur auf der Grundlage des angeborenen nationalen Naturells, mit energischer Abstoßung dessen, was dem deutschen Geiste nicht gemäß ist, in fester Zusammenfassung deutschen Gewissens, deutscher Zucht und Herrenart der deutsche Glaube und die deutsche Kraft zu gewinnen sei, der die Zukunft der Erde gehört. Hatte Jordan das schon in der „episch-dramatischen Dichtung“, wie er seinen „Demiurgos“ nannte, der aber im Grunde mehr lyrischer Art war, scharf und deutlich, wenn auch in manchen Beziehungen noch nicht mit völliger Reife und in nicht ganz geschlossener Form ausgesprochen, so arbeitete er dieselbe Ideenwelt in den sechziger und den ersten siebziger Jahren in den ältesten und unvergänglichsten germanischen Sagenstoff hinein und gestaltete damit ein geschlossenes Epos, das einzige seiner Art, das das 19. Jahrhundert aufweist — die „Nibelunge“, deren erster Teil 1867 auf 1868, deren zweiter 1874 erschien. Eine Reihe von Ideen, die *später Nietzsche* aufgenommen, aber ins Einseitige und

Krankhafte übersteigert, die der Nietzscheanismus zur Kari-
katur verzerrt hat, hat schon Jordan im „Demiurgos"
und in den „Nibelungen" maßvoll und ethisch gesund
zu poetischer Aussprache gebracht, in den „Nibelungen"
zur Gestalt verdichtet. Wenn der darwinistische Ver-
erbungsgedanke dabei stark betont ist, so ist nicht zu vergessen, daß der „Demiurgos" ein halbes Jahrzehnt vor
Darwins „Entstehung der Arten" erschienen ist; wenn
dieser Gedanke in der modernen Auffassung eine wesentlich pessimistische Wendung bekam, so fehlt bei Jordan die
gesund optimistische Seite nicht, sie wird vielmehr siegreich über die andere hinausgeführt — die ganze Geschichte
des Wölsungengeschlechtes in den „Nibelungen" ist Zeuge
davon. Wenn Hagen der ganz bestimmte und rücksichtslose Vertreter der einseitigen „Herrenmoral" ist, so steht
ihm gegenüber Siegfried als die wahre Herrennatur, die
auch Liebe und Mitleid — nicht im Sinne der „Sklaven-
moral", sondern herrenmäßig kennt und übt. Wie das
„Uebermenschliche" im Sinne Jordans größer und ethisch
tiefer erscheint als im Sinne Nietzsches, das ist besonders
deutlich an der Gestalt der Brunhild und namentlich dort
zu sehen, wo sie an Siegfrieds Leiche der Kriemhild die
Versöhnung abringt; und die „neue Herrschergattung",
die Jordan für die Zukunft erschaut, ist der „Ueberart"
Nietzsches um ebensoviel überlegen, als sie tiefer im Ethischen und Nationalen wurzelt und in ihrer unvermeidlichen Tragik erschaut wird. Daß es aber „jenseits von
Gut und Böse" einen Unterschied von Lebenstüchtigkeit
und Entartung giebt, daß das Entartende und Parasitische
zu Grunde gehen muß, daß alle Völker, die *erfolglos
um den Wuchs der neuen Herrschergattung werben*", dem

Untergang geweiht sind — auch das und dergleichen hat
Jordan lang vor Nietzsche gesehen. Und so wichtig bei
Jordan physische Kraft und Tüchtigkeit und deren Ver=
erbung ist, so führt er doch alles immer wieder auf das
Innerliche zurück, auf die Ueberwindung der „erdigen
Schwere" durch Zucht und Gewissen, auf das deutsche
Gemüt und seinen weltbezwingenden Glauben, der die
Zukunft verbürgt. — Eben wegen ihres starken Gedanken=
gehalts und auch im Blick auf den realistischen Ton der
Einzeldarstellung hat man die „Nibelungen" Jordans
allzu modern gefunden und in tadelnden Vergleich mit
dem mittelalterlichen Nibelungenlied gesetzt. Man hat da=
bei übersehen, daß auch das Nibelungenlied zu seiner Zeit
höchst modern war und seinen Gegenstand im einzelnen
ganz im Tone der Zeit behandelte, daß der alte Stoff
auch in Hebbels „Nibelungen" und Richard Wagners
„Nibelungenring" sich eine moderne Prägung gefallen
lassen mußte; man hat nicht eingesehen, daß eine poetische
Neugestaltung unserer alten und immer wieder neuen
Nationalsage nicht die Aufgabe haben kann, sich auf den
Ton irgendwelcher Vergangenheit zu stimmen, daß viel=
mehr die Unerschöpflichkeit einer echten Nationalsage eben
in der Fähigkeit liegt, sich immer wieder mit neuem
nationalem Weltanschauungsgehalt zu füllen. Man mag
mit dem Dichter, der das alte Sagengold mit dem Zeichen
einer neuen Zeit prägt, über einzelnes Formale rechten
oder etwa auch über die neue Weltanschauung selbst, aber
das poetische Recht solcher Neuprägung kann man ihm
nicht abstreiten. Wie weit aber Jordans „Nibelunge"
volkstümlich geworden sind oder noch werden können, läßt
sich heute noch gar nicht entscheiden. Und auch über Jor=

dans Bestrebungen, den alten Stabvers zu erneuern, wird
sich das Urteil erst klären, wenn wir uns von den Vor-
urteilen einer undeutschen Poetik noch gründlicher befreit
haben werden, als bis jetzt der Fall ist. Wilhelm Jordans
ganze Poetenerscheinung weist eben in mehr als einer Beziehung über die Gegenwart hinaus in eine Zukunft, die
sich jetzt erst langsam vorbereitet. Mit einigem Vorbehalt
gilt das auch von seinen Romanen aus den achtziger
Jahren und von seinen feinen Versluftspielen „Die Liebes-
leugner", „Tausch enttäuscht" und „Durchs Ohr", von
denen die beiden ersten schon den fünfziger Jahren angehören. Allerneuestens, 1899, hat er in einem Buch Ge-
dankenlyrik, „In Talar und Harnisch," betitelt, noch einmal die Summe seiner Weltanschauung gezogen und aufs
neue sich scharf gegen „Nietzsche-Jünger, Ibsen-Kunden"
und gegen alles Ungesunde in moderner Kultur und Kunst
ausgesprochen.

Mit den Dichterpersönlichkeiten, die man als die
hervorragendsten Vertreter des „poetischen Realismus" zu
einer losen Gruppe zusammenfassen kann, ist nun aber die
poetische Leistung der Zeit, die eben durch sie (und die
Münchener) bezeichnet wird, noch nicht erschöpft. Abgesehen
von einer Reihe kleinerer Talente, die irgendwie mit der
realistischen Richtung in Beziehung standen, zum Teil
aber schon an die Unterhaltungsschriftstellerei grenzten
oder wenigstens, auch mit relativ gediegenen Leistungen
ihrer Art, nicht viel über den Durchschnitt einer poetisch
fruchtbaren Zeit hinauskamen, traten in den fünfziger
und sechziger Jahren noch eine Anzahl von Dichtern aus
der Masse hervor, die ihre eigene und weiterhinaus bedeutende Physiognomie haben oder wenigstens den poetischen

Schatz der Nation um einige beſonders zu beachtende
Wertſachen bereichert haben. Eine beſtimmte gemeinſame
Richtung iſt bei ihnen nicht aufzuweiſen, wenn auch da
und dort Züge von Verwandtſchaft mit der Geibel'ſchen
Richtung zu bemerken ſein mögen und im ganzen doch
ein vorherrſchender Zug nach dem poetiſchen Realismus
hin unverkennbar iſt. Höchſtens könnte man Dichter wie
Scheffel, Reuter, Raabe zu einer Gruppe der Humoriſten
zuſammenfaſſen; aber ein Wiedererwachen des Humors
iſt überhaupt in den fünfziger und ſechziger Jahren im
Gegenſatz zu der Humorloſigkeit der vorangegangenen
Tendenzlitteratur zu beobachten, auch in einem gewiſſen
Zuſammenhang mit der realiſtiſchen Richtung in der Poeſie.
— In nur äußerer Beziehung zu den Münchenern, von
denen er ſich durch realiſtiſchen Ton weſentlich unterſchied,
ſtand der Kulturhiſtoriker und Erzähler Wilhelm Riehl,
ein Heſſe, der 1823 geboren iſt und 1897 mit Hinter-
laſſung eines Romans ſtarb. Er war kein großer Dichter
aber eine kerngeſunde Perſönlichkeit, hat auch durch ſeine
kulturhiſtoriſchen Schriften breite Wirkungen auf die
ernſtere Bildung des deutſchen Hauſes geübt und als
Dichter mit ſeinen Geſchichten und Novellen nicht nur die
beſondere Gattung der kulturhiſtoriſchen Novelle aufge-
bracht ſondern auch einen Erzählungsſchatz hinterlaſſen,
der durch wirkliche Kunſt des Erzählens, durch Geſundheit,
Friſche und poetiſchen Lebensgehalt weit über den Durch-
ſchnitt emporragt und zur beſten Geiſtesnahrung des
deutſchen Hauſes auf dieſem Gebiete gehört. — Aehnliches
gilt von den hiſtoriſchen Romanen, mit denen der bedeutend ältere, 1798 geborene und 1871 geſtorbene Bres-
lauer Wilhelm Häring unter dem Schriftſtellernamen

Willibald Alexis schon in den dreißiger und vierziger
und noch in den fünfziger Jahren die brandenburgische
Geschichte poetisch lebendig machte. Künstlerisch vollendet
sind diese Romane nicht immer, aber durchdrungen von
gesunder Kraft und Heimatliebe, auch vielfach von starker
poetischer Stimmung und namhafter Gestaltungskraft, nicht
ohne Humor; sie bieten immer noch eine nahrhafte Kost,
die sich von den breiten Bettelsuppen der durchschnittlichen
Romanlitteratur wesentlich unterscheidet. Dagegen ist der
in den fünfziger und sechziger Jahren und drüber hinaus
modeberühmte Berthold Auerbach sehr rasch der Ver-
gessenheit anheimgefallen. Als er im Jahr 1882 siebund-
siebzigjährig starb, war er im Grund längst nicht mehr der
einst beliebte Verfasser der „Schwarzwälder Dorfgeschichten",
sondern nur noch der Verfasser höchst anspruchsvoller und
geschraubter Zeitromane. Er war von Haus aus ein
schwäbischer Jude aus dem Schwarzwald und hatte von
dem Boden, auf dem er geboren war, und vom Verkehr
mit bedeutenden Schwaben so viel Schwäbisches mitbe-
kommen, daß er zeitweilig wurzelecht scheinen konnte; aber
die jüdische Geistesart überwog bei ihm doch, je länger
desto mehr, und die Art von Dorfgeschichte, die er eine
Zeit lang in die Mode gebracht hat, schwebte doch einige
Fuß höher über dem wirklichen Volksboden, als daß sie
die Lebenszeit einer Mode hätte überdauern können. Ein
starkes Maß von Charakterisierungskunst ist ihm nicht
abzusprechen, aber sie trat von außen an ihren Gegenstand heran mit einem dem Gegenstand fremden Geiste,
und sie wurde entwertet durch eine gesuchte und anspruchs-
volle Naivetät und ein selbstgefälliges Wichtigthun mit
dem Unwichtigen. Irgendwie Dauerndes hat der Ver-

faſſer des gar nicht barfüßigen „Barfüßele" nicht geſchaffen.
Umgekehrt iſt der aufrechte Tiroler Lyriker und Erzähler
Adolf Pichler, ein Altersgenoſſe Kellers und Jordans,
erſt am Ende des Jahrhunderts, kurz vor ſeinem 1900
erfolgten Tode zu allgemeinerer Geltung gelangt, zwar nicht
außer Zuſammenhang mit der neuen nationalen Bewegung
in Tirol, aber doch auch auf Grund ſeiner gediegenen
und geſunden poetiſchen Leiſtungen. — Ein eigentüm=
liches litterariſches Schickſal hat Theodor Fontane
erlebt — ein Märker von franzöſiſcher Abſtammung,
gleichfalls 1819 geboren: als er im Jahr 1898 ſtarb,
galt er als Meiſter des modernſten Berliner Romans
und war als ſolcher hochgefeiert, wurde geradezu zur
„Moderne" gerechnet. Und doch gehörte er ſeinem ur=
ſprünglichen Weſen und ſeiner dichteriſchen Bedeutung nach
in die fünfziger Jahre, war ein trefflicher Lyriker und
namentlich Balladendichter, und als ſolcher hat er ſich in
einzelnen Leiſtungen noch bis an ſein Ende bewährt, in
Ernſt und Satire im weſentlichen realiſtiſch gerichtet.
„Männer und Helden" hieß ſeine erſte Balladenſammlung
von 1850, und der Titel war bezeichnend für ſeine ganze
mannhaft kräftige Art. Vom Anfang der ſechziger Jahre
an ſchwieg er dann lange als Dichter und veröffentlichte
dafür ſeine wertvollen „Wanderungen durch die Mark
Brandenburg". Erſt gegen 1880 kam er ans Roman=
ſchreiben, ergriff zuerſt hiſtoriſche Stoffe aus der branden=
burgiſchen Geſchichte, um dann bald im Berliner Zeit=
und Sittenroman aufzugehen. Man kann Fontane nicht
wohl zutrauen, daß er das um des Modeerfolgs willen
gethan habe, es ſieht eher aus, als ob zunächſt der Schalk
ihn gereizt hätte, den Jüngſten zu zeigen, daß er das

auch und in seiner Art besser könne, auf was sie sich so
viel zu gut thaten. Es kann nun auch kein Zweifel sein,
daß Fontanes Lebenskenntnis sich in diesen Romanen
sicherer und tiefer erweist, seine Gestaltungskraft stärker,
seine Wirklichkeitsdarstellung mindestens ebenso echt oder
echter als die seiner jüngeren Mitstrebenden; aber besonders
erfreulich war es doch nicht, den Alten auf dieser Bahn
zu sehen. Die dichterische Konzentrationskraft, die er in
seinen Balladen erwiesen hatte, opferte er in seinen Berliner Romanen doch allzusehr der unbarmherzigen Wirk-
lichkeitsdarstelllung, und wenn er auch dem Berliner Groß-
stadtleben noch mehr gesunde und erfreuliche Züge abzu-
schauen wußte als andere, auch eine tiefere ethische Urteils-
fähigkeit verspüren läßt — der halbvergessene Lyriker und
Balladendichter Fontane vom Anfang der fünfziger Jahre
hat doch wohl bleibendere poetische Werte geschaffen als
der verspätete Berliner Romanschreiber, den der Zeitgeschmack feierte. In seinem letzten Roman „Der Stech-
lin" schien immerhin seine ursprüngliche Geistesart wieder aufzuleben. — Als eine Uebergangserscheinung zwischen der Geibel'schen und realistischen Richtung könnte
man Theodor Storm bezeichnen, wenn man auf eine
derartige Unterbringung Wert legen wollte. Im übrigen
war er einfach ein ganzer Dichter, und wenn er mit einem
anderen innere Geistesverwandtschaft hatte, so war es
Mörike; es ist kein Zufall, daß der Schleswiger aus
Husum, der „grauen Stadt am grauen Meer", den schwäbischen Dichter so hoch verehrt hat: was Storm in seinen
„Erinnerungen an Eduard Mörike" von dessen Poesie sagt,
ließe sich großenteils ohne weiteres auf seine eigene an-
wenden. Es gilt auch von Storms Poesie: „man sah

durch sie wie durch Zaubergläser in das Leben des Dichters
selbst hinein, das zwar auf einen kleinen Erdenfleck beschränkt, aber dafür mit diesem auch desto inniger vertraut und überdies mit einem phantastischen Märchenduft
umgeben war, der bei aller anmutigen Fremdheit doch
dem Boden der Heimat zu entsteigen schien"; auch Storms
poetische Gebilde sind „von farbigster Gegenständlichkeit
und doch vom Erdboden losgelöst und in die reine Luft
der Poesie hinaufgehoben"; auch bei Storm erfreut „der
Mangel der flüssigen Phrase und jener aus der Alltäg-
lichkeit der Anschauungen hervorgehenden bequemen Ver-
ständlichkeit", auch ihm war in der Poesie „tiefes Selbst-
erleben das Wesentliche". Wie Mörike liebte er es, sich
einzuspinnen, mehr in die Tiefe der Natur und des Gemütes zu bringen als in die Breite des Weltlebens zu
gehen; aber dafür bildete er auch, um mit Mörike zu
reden, „jedes schöne Werk von innen heraus, sättigte es
mit seinen innersten Kräften", und die trotzdem nicht
fehlende Beobachtung des Außenlebens und seiner Einzelheiten war jene unbewußt eindringende, traumhaft sichere,
die durch kein Notizbuch zu ersetzen ist. Dies gilt nicht
nur von Storms Lyrik, sondern auch von seinen Novellen,
die künstlerisch und als solche denen Heyses ebenbürtig,
aber poetisch ihnen meist überlegen sind, und zwar eben
durch die Innigkeit und Leuchtkraft, mit der die Gemüts-
stimmung die Gestalten und Bilder von innen heraus
durchdringt; man spürt den Lyriker im Novellisten, ohne
daß dadurch die Grenze der Gattungen verwischt würde.
Daß Storm bei alledem auch dem wirklichen Leben und
den öffentlichen Angelegenheiten der Nation nicht fremd
war, das hat der 1817 geborene Schleswig-Holsteiner in

ben fünfziger Jahren bewiesen, als er für die Selbständigkeit seiner Heimat gegenüber der dänischen Herrschaft wirkte,
manch kräftiges Trutzlied sang und lieber Brot und
Stellung und Heimat ließ, als daß er seine Ueberzeugung
verleugnet hätte. Er trat in preußische Dienste und harrte,
ohne das „Holstenheimweh" zu verlieren, aus, bis die
Ereignisse von 1864 ihm die Rückkehr in die Heimat er-
möglichten, die er dann nicht mehr verlassen hat und in
der er 1888 gestorben ist. Aber auch in diesen politischen
Kämpfen ist er nicht zum bloßen tendenziösen Parteisänger
herabgesunken, hat nie versäumt, auch durch den Kampf
des Tages irgendwie einen poetischen Ton erklingen zu
lassen, der an die bleibenden Angelegenheiten der Menschheit erinnert. — Storms Lyrik, die zuerst zwischen und
in seinen Novellen zerstreut auftrat, aber schon 1853 in
einer eigenen Sammlung erschien und sich später langsam
vermehrte, ist dem Umfang nach viel enger begrenzt als
seine Novellistik, die zwar nicht so umfangreich ist wie die
Heyses, aber doch viele Bände füllt. An Reinheit und
Geschlossenheit der Form dürfen sich seine Gedichte neben
den besten lyrischen Erzeugnissen der Geibel'schen Richtung
getrost sehen lassen, aber sie tragen noch mehr das ganz
individuelle Gepräge des Erlebten, erinnern in ihrer
schlichten, knappen Innigkeit, konzentrierten Anschaulichkeit und stimmungsvollen Anmut doch wieder mehr an
Mörikes Art, ohne daß man eine Abhängigkeit von Mörike
behaupten dürfte; dagegen fehlt ihnen jener leise Anhauch
aus Hellas, der sich bei Mörike oft mit so eigenem Reize
über die deutsche, die schwäbische Art hinlegt. Alles in
allem zählt Storm in die Reihe unserer vorzüglichsten
Lyriker, wenn man auch neuerdings seine lyrische Bedeutung

zuweilen stark überschätzt hat. Daß er ein ganzer Dichter
war, wird eigentlich aus seinen Novellen noch deutlicher
als aus seiner Lyrik, denn in der Prosaerzählung so ganz
Dichter zu bleiben, wie es Storm selbst in seinen künstlerisch weniger vollendeten Novellen blieb, das heißt etwas,
in dieser Beziehung reichte er nicht nur an Mörikes, sondern auch an die poesiegesättigtsten Novellen Kellers. Aus
den allereinfachsten Lebensverhältnissen, aus den unschein-
barsten Begebenheiten wußte Storm das Gold des dichterischen Gehaltes zu heben, im scheinbar Unbedeutenden
entfaltete er die Macht und Tiefe dessen, was Menschen-
geschick heißt, in das leichteste Gewebe einer ganz schlichten
Erzählung wußte er die festen Knoten zu knüpfen, in denen
Menschenwille und Weltgesetz mit Notwendigkeit sich ver-
schlingen. Es ist nicht nur die Lust am Fabulieren oder
Lösen von psychologischen Problemen, was in diesen Novellen waltet, sondern auch ein starker ethischer Zug, der
Schuld und Sühne auch im Alltäglichen zu schauen und
zu wägen trachtet, zum Tragischen neigt und auch im
heißen Sturm der Leidenschaften das unverworrene sittliche Urteil wahrt. Auch die Prosasprache Storms zeigt
insofern den Lyriker, als sie aufs satteste durchtränkt ist
vom flüssigen Elemente der Stimmung und doch von
hoher Klarheit und Anschaulichkeit, als sie immer noch
etwas zu ahnen, zu ergänzen übrig läßt und doch Phantasie und Empfindung des Lesers mit großer Sicherheit
lenkt; und die Provinzialismen, die diese Sprache wie die
Gottfried Kellers mitführt, dienen in der Regel nur dazu,
den eigentümlichen Erdgeruch zu verstärken, den der Wein
der Storm'schen Dichtung vom heimatlichen Boden mit-
bekommt.

Zwei andere niederdeutsche Dichter, die ungefähr zur gleichen Zeit mit Storm auftraten, haben nicht wie dieser hochdeutsch, sondern fast ausschließlich im niederdeutschen Dialekt gedichtet und durch ihre Dichtungen den Anstoß gegeben, daß die freilich nie ganz verstummte Dialektdichtung nicht nur in Niederdeutschland, sondern auch in Hoch- und Mitteldeutschland wieder in neuen Trieb kam: das waren Klaus Groth und Fritz Reuter. Es ist müßigerweise viel darüber gestritten worden, welcher von beiden mehr bedeute. Daß Reuter bis jetzt die breiteren Wirkungen durch ganz Deutschland gethan hat, ist außer Zweifel — daß Groth mehr dichterische Tiefe und künstlerische Rundung besitze, wird sich wenigstens im Blick auf seine Lyrik behaupten lassen; im übrigen aber sind beide so verschiedener Art, daß man sie nicht wohl gegeneinander abschätzen kann. — Der im Jahr 1899 mit 80 Jahren gestorbene, also mit Keller und Jordan gleichalterige Klaus Groth war ein Dithmarsche aus Heide, ein Stammesgenosse Hebbels; aber er hat sich nicht wie dieser vom Heimatboden gelöst, um eine größere Welt zu erobern, sondern er hat in engstem und bewußtem Anschluß an seine Heimat und in völliger Beschränkung auf ihren Lebensgehalt doch eine eigentümliche poetische Größe gewonnen, indem er den engen Kreis vollständig ausfüllte, und zwar mit unbedingter Beherrschung der künstlerischen Mittel. Mit dem „Quickborn", der 1852 erschien, trat Klaus Groth sofort als fertiger Lyriker vor die Welt, ein Dialektlyriker allerdings, aber als solcher unbedingt poetisch vollwertig — alles ganz und rund, wie selbstverständlich. Nun ist allerdings der Dialekt eine Schranke, und es erhebt sich die schwierige Frage, wie weit und unter welchen

Bedingungen bei einem Volk, das eine ausgebildete Gemeinſprache hat, auch die Dialektdichtung zum allgemeinen
poetiſchen Nationalbeſitz werden könne, und ob die ſprach-
liche Beſchränkung durch den Dialekt für den Dichter, im
beſonderen den Lyriker, keine Beſchränkung ſeiner Größe
in ſeiner Dichtgattung bedeute? Wenn die Frage in be-
jahendem Sinne gelöſt werden kann, ſo hat ſie bis auf
einen gewiſſen Grad ſchon Johann Peter Hebel, jedenfalls aber Klaus Groth in dieſem Sinne gelöſt, und ſo
maſſenhaft ſeither die Dialektlyrik bei allen deutſchen
Stämmen ins Kraut geſchoſſen iſt, die lyriſche Vollgültig-
keit des „Quickborn" haben ſpäter doch nur wenige Dichtungen des vielbeliebten Bayern Karl Stieler oder
des wenig bekannten Oberſchwaben Michel Richard
Buck annähernd erreicht. Das mag wohl auch damit zu-
ſammenhängen, daß das Niederdeutſche, obwohl es ſich
nicht zur deutſchen Gemeinſprache entwickelt hat, doch mehr
den Charakter einer Volksſprache als den einer Mundart
trägt, während die ober- und mittelbeutſchen Dialekte,
nachdem ſie die hochdeutſche Gemeinſprache aus ſich hervor-
getrieben hatten, mehr als das Niederdeutſche in die
Stellung bloßer Mundarten zurückgeſunken ſind. Aber das
Entſcheidende dabei iſt doch die ſtarke und echte Dichterkraft Klaus Groths: ſie hat den Lebensgehalt ſeiner Heimat
nicht nur voll und anſchaulich zu geſtalten und auszu-
ſprechen gewußt, ſie hat ihn auch in einer Weiſe poetiſch
vertieft und erweitert, daß überhaupt das deutſche Volks-
gemüt ſich in Groths Dichtungen wiedererkennt; und das
mit einer künſtleriſchen Meiſterung der poetiſchen Form,
die ihn hinter den beſten deutſchen Lyrikern des Jahr-
hunderts nicht zurückſtehen läßt — ſobald man einmal

das Moment des Dialekts für den gegebenen Fall nicht
in Rechnung stellt. Im übrigen gilt das alles zwar hauptsächlich von Groths plattdeutscher Lyrik, aber auch von
seinen Erzählungen in Versen und Prosa. — Fritz
Reuter ist insofern nicht mit Klaus Groth zu vergleichen,
als der Schwerpunkt seiner Dichtung nicht in der Lyrik
liegt sondern in der Erzählung, insbesondere in der Prosaerzählung; und auch insofern, als der Humor, der freilich auch bei Groth durchaus nicht fehlt, doch bei Reuter
ein viel wesentlicherer Charakterzug und ein wichtigeres
Moment seiner Wirkungen ist. Auch sonst ist der 1810
geborene Mecklenburger eine ganz andersartige persönliche
und poetische Erscheinung, in der freilich das specifisch
Künstlerische nicht zu so scharfer Ausprägung gekommen
ist wie bei Klaus Groth; aber ein Dichter war er in seiner
Art so gut wie dieser. Persönliche Schicksale haben ihn
nicht so zeitig und stetig wie den andern auf der heimatlichen Scholle ausreifen lassen. Die Geschicke der deutschen
Burschenschaft, die für die deutsche nationale Entwickelung
wohl praktisch nicht allzuviel bedeuteten, aber im idealen
Sinne etwas Typisches in sich bargen, waren für keinen
deutschen Dichter von so einschneidender Bedeutung wie
für Fritz Reuter; sie haben seine allgemein geistige Entwickelung und die Entwickelung des Dichters lange ge-
hemmt und verzögert, in gewissem Sinn für sein ganzes
Leben beeinflußt — andererseits haben sie, mittelbar und
unmittelbar, seiner Poesie nicht nur Inhalt gegeben, es weht
auch etwas vom Geiste der burschenschaftlichen deutschen
Gesamtjugend über die mecklenburgischen Ackerfelder, zwischen denen sich Reuters Poesie heimisch gemacht und begrenzt hat. — Auch Fritz Reuters Poesie ist wie die Klaus

Groths — und das ist eigentlich das einzige, was sie ge-
meinsam haben — so eng verknüpft mit dem niederdeutschen Dialekt, daß sie sich von ihm gar nicht loslösen
läßt; solange Reuter hochdeutsch schrieb (auch „Stromtid"
wurde zuerst hochdeutsch geschrieben), hatte er als Dichter
und als Humorist noch nicht sich selbst gefunden. Erst im
heimischen Dialekt wurde die eigentümliche Kraft seines
Talentes frei — und das ist, wenigstens soweit es den
Humoristen angeht, durchaus nicht verwunderlich, denn
Humor und Mundart stehen in einem ganz besonderen
psychologischen Verhältnis; aber auch das, was man neuerdings „Heimatkunst" genannt hat, steht in einem naturgemäßen Verwandtschaftsverhältnis zum Dialekt. Auch
auf anderem Stammesboden ist das zu bemerken; so ist
z. B. die schwäbische mundartliche Prosaerzählung, die
sich in den letzten Jahrzehnten stark entwickelt hat, entstanden unter dem direkten Eindruck von der ausschlaggebenden Bedeutung des Dialekts für Fritz Reuters Poesie
— wie der Anfänger dieser schwäbischen Erzählungsart,
die dann hauptsächlich von Richard Weitbrecht weiter-
gepflegt wurde, hiemit bezeugt. — Die Kunst, zu erzählen
und erzählend zu gestalten, war Fritz Reuters eigentliches
Talent. Die lyrische Begabung fehlte ihm nicht, wie seine
1853 erschienenen „Läuschen und Rimels" zeigen und auch
eine Reihe von Stellen in den aus dem Jahr 1856
stammenden kleinen epischen Versdichtungen „Kein Hüsung" und „Hanne Nüte"; aber das Lyrische hat sich bei
ihm nicht so zu selbständiger Bedeutung entwickelt wie
bei Klaus Groth — das Drama vollends war nicht sein
Feld, obwohl er sich auch auf diesem versucht hat. Aber
erzählen konnte er, wirklich erzählen statt zu schildern

und zu beschreiben, erzählen in lebendiger Bewegung der
Vorgänge und so, daß die Erzählung zugleich gestaltet.
Nicht immer zwar stand er ganz auf der Höhe dieser erzählenden Gestaltungskraft, aber er erzählte immer um
so besser und gestaltete um so sicherer, je weniger er Versuche machte, nach den landläufigen Romanrezepten zu
erfinden und zu spannen, je mehr er dagegen das wirklich
gelebte und von ihm selbst innerlich durchlebte Leben sich
schlicht und einfach vor den Augen des Lesers oder Hörers
entwickeln ließ; und es ist sehr bezeichnend, daß Fritz
Reuter, lange ehe er als plattdeutscher Schriftsteller auftrat, das mündliche Erzählen im heimischen Dialekt zur
Virtuosität ausgebildet hatte. Seine berühmteste Figur,
der „Entspekter Bräsig“, war längst in mündlichen Erzählungen und kleinen Skizzen ausgearbeitet, ehe er seinen
hochdeutschen Roman in den Dialekt umsetzte und ihm mit
Bräsig und seinem ganzen Kreise aus der Romanblässe
heraus zu rotbackigem humoristischem Leben verhalf. Leben,
sogar herb wahres Leben hat übrigens auch die nicht-
humoristische Dichtung „Kein Hüsung“, mehr als der viel-
gepriesene, aber im Grund doch etwas unreife „Hanne
Nüte“. Am meisten haben seine drei größeren Prosa-
erzählungen gewirkt, die von 1860 bis 1864 unter dem
Titel „Olle Kamellen“ erschienen: „Ut de Franzosentid“,
„Ut mine Festungstid“, „Ut mine Stromtid“; sie hauptsächlich haben ihm seine breiten Erfolge verschafft und
veranlaßt, daß man sich bis hoch nach Oberdeutschland
hinauf für niederdeutsche Dialektdichtung interessierte und
ins Platt hineinlas. In diesen Erzählungen feierte auch
der Humor Fritz Reuters seine Haupttriumphe; aus den
ersten Kapiteln der „Franzosentid“ und der „Stromtid“

könnte man eine ganze ästhetische Theorie des Humoristischen entwickeln, ohne daß man viel anderswoher hinzu-
bringen müßte; und ganz ohne jede theoretische Klarheit
empfindet an hundert anderen Stellen jeder, der überhaupt für Humor empfänglich ist, die beiden Mischungs-
bestandteile des Humoristischen, wenn ihm das innerste
Herz bis zu Thränen ergriffen wird, die ganze Tiefe des
Menschenwehs sich aufthut und doch das helle Lachen be-
freiender Heiterkeit, die gute ehrliche Luft gesunden Alltagslebens sich heilend über alles Leid und Weh breitet.
An manchen anderen Stellen, wenigstens der „Stromtid“, läßt sich allerdings die Sentimentalität, die man
Reuter schon vorgeworfen hat, nicht ganz wegleugnen;
aber da hat man es eben mit den Teilen des Werkes zu
thun, die aus der ursprünglichen hochdeutschen Roman-
anlage stammen — hier hatte der Dichter seinen überlegenen Humor noch nicht als Schriftsteller gefunden. Einen
ganz besonderen Respekt aber vor der siegreichen Kraft des
Humors in Fritz Reuters Gemüt bekommt man aus der
„Festungstid“: wem so nichtswürdig die schönsten Jugend-
jahre durch brutale Gewalt gestohlen worden sind, wem
dadurch das ganze Leben mit Bitternis durchsetzt und die
Gesundheit für immer untergraben worden ist wie dem
1834 in Preußen zum Tod verurteilten Burschenschafter
Fritz Reuter — wenn der dieses ganze Elend so ins ver-
söhnende Goldlicht des Humors rücken konnte, wie es
Reuter in dieser Festungsgeschichte der jungen „Königs-
mörder“ that, dann hatte er sich als echten Humoristen
beglaubigt, aber auch gezeigt, daß der Humor eine andere
und höhere Kraft des Gemüts erfordert als der bloße
Witz oder die gemütleere Posse. Im Jahr 1874 ist Fritz

Reuter in seiner Villa an der Wartburg gestorben, zur
Zeit einer der berühmtesten Dichter. Er ist ohne Zweifel
eine Zeit lang überschätzt worden, ebenso zweifellos gerade
um der schwächeren Seiten seiner Poesie willen; aber der
später eingetretene Rückschlag der Unterschätzung hatte doch
auch kein Recht, er zeigte nur, wie gefährlich es auch für
einen echten Dichter ist, wenn sich eine Zeit lang die Mode
seiner bemächtigt.

In die Mode ist ein anderer unserer ersten deutschen
Humoristen nicht gekommen, der noch lebende Wilhelm
Raabe, gleichfalls ein Niederdeutscher, 1831 im Braun-
schweigischen geboren; sein persönliches und poetisches
Wesen wurzelt unverkennbar im niedersächsischen Boden,
wenn er auch längere Zeit in Stuttgart gelebt und sogar
in einem humoristischen Roman schwäbisches Wesen mit
einer verhältnismäßig großen Sicherheit dargestellt hat.
Ueberhaupt läßt sich an Dichtern wie Raabe, Storm,
Reuter, Groth, in manchen Beziehungen auch Hebbel —
wenn man etwa Dichter wie Mörike, Kurz, Lingg, Keller,
C. F. Meyer dagegenhält — sehen, in welch merkwürdiger
innerer Verwandtschaft die rein niederdeutsche und die
rein oberdeutsche, besonders die schwäbisch-alemannische
Stammesart stehen, wenigstens in Sachen der Poesie —
während in den mitteldeutschen Stammesgebieten und nach
dem Nordosten hin in vielen Beziehungen ein ganz anderer Geist waltet. Raabe ist zuerst unter dem Namen
Jakob Corvinus aufgetreten und hat sich im Jahr 1857
mit seiner „Chronik der Sperlingsgasse" in die Litteratur
eingeführt, einem noch etwas romantisch formlosen, aber
aller Poesie vollen und von gesundem Humor getragenen
Werke. In den sechziger Jahren, in denen seine Haupt-

werke entstanden, haben die besseren Leser auf ihn ge=
achtet, hat namentlich sein „Hungerpastor“ viel Leser ge=
funden; aber in den siebziger und achtziger Jahren wollte
man wenig von ihm wissen, und erst neuerdings beginnt
man ihm wieder gerecht zu werden, ihn vielleicht erst
recht in seiner Bedeutung zu würdigen. Dieses Verhält=
nis zwischen Raabe und dem Publikum ist bezeichnend
für die in Frage kommende Zeit wie für sein eigenes
geistiges Wesen: von der zweiten Hälfte der sechziger Jahre
an bestimmte die moderne Bildungsverflachung und die
Wichtigthuerei mit der neuesten Kulturhöhe den Geschmack
des Publikums wie selten einmal, und es begann zugleich
jene gemeine Jagd nach Gewinn und Genuß, jene mate=
rialistische Veräußerlichung, die in den siebziger Jahren
in ihrer ganzen Schamlosigkeit an den Tag trat; diese
Zeitrichtung wollte bald nichts mehr sehen als einen ge=
fälligen Spiegel ihrer schon angefaulten Kulturherrlich=
keit. Damit aber stand Raabes ganze Geistesart im
schroffsten Widerspruch: ihm imponierte die ganze Herr=
lichkeit nur auch gar nicht, er hielt ihr nicht einen ange=
nehmen Toilettenspiegel vor sondern den Narrenspiegel
seines überlegenen Humors; er setzte aller selbstzufriedenen
Bildungsverflachung das trotzige Recht der vertieften Per=
sönlichkeit gegenüber, aller Veräußerlichung in der Hetz und
Hast des modernen Lebens die ruhige, sichere Innerlich=
keit des Gemüts, aller wohlfeilen Wichtigthuerei des Ewig=
gestrigen die unerbittliche Kritik des Ewigbleibenden. Und
er that das nicht mit Reflexionen und Deklamationen, die
man ja am Ende gerne angehört hätte wie eine Kapuziner=
predigt, sondern er that es mit Bildern und Gestalten,
die er fest und sicher der Zeit vor das bildungsschwindlige

Auge stellte; er that es auch nicht mit bloßer mürrischer
Abschilderung des Angefaulten, Häßlichen, Seichten und
Brutalen an der Zeitkultur — auch das kann ja eine
solche Zeit mit behaglichem Schmunzeln hinnehmen, wie
sich bald darauf gezeigt hat — vielmehr ließ Raabe hinter
der schimmernden Oberflächlichkeit das innerlich wunde
Herz und das bittere Unbefriedigtsein des Kulturlebens
deutlich herausspüren, legte aber im übrigen den Haupt-
nachdruck auf das, was im stillen als Gegensatz noch da
war, auf alles gesunde, echte, wenn auch noch so be-
scheidene und von der Welt in den Winkel gesetzte Leben,
das immerhin noch häufiger da war und ist, als man im
Lärm und Staub des Tages hören und sehen will, sei's
auch ganz abseits von der Heerstraße oder auch mitten
in der Großstadt. Am deutlichsten hat sich die Geistesart Raabes in seinen drei großen Romanen „Der Hungerpastor", „Abu Telfan" und „Der Schüdderump" ausgesprochen, die 1864, 1867 und 1870 erschienen sind und
eine Art Trilogie bilden; eine Art Vorspiel dazu waren
1863 die „Leute aus dem Walde". In der zeitlichen
Reihenfolge dieser Romane glaubt man zu sehen, wie
sich Raabe in immer schärferen Widerspruch zu der an-
wachsenden Flut der Zeitrichtung setzt, aber eine steigende
pessimistische Bitterkeit in ihnen zu finden, dazu liegt
keine Berechtigung vor — dem widerspricht schon die
humorvolle Kraft des Gemüts, das um die Katzenmühle
in „Abu Telfan" und um das Siechenhaus zu Krodebeck
im „Schüdderump" noch so lichtstarke Fäden spinnt wie
durch die Stube des Sternsehers Ulex in den „Leuten aus
dem Walde" oder um die Schusterkugel des „Hunger-
pastors". Auch die weittragenden Gesichtspunkte einer

großzügigen und geistesgesunden Menschenerziehung fehlen
in dem letzten dieser vier Romane so wenig wie in dem
ersten.   Unter den späteren Romanen und Erzählungen
Raabes, die den siebziger und achtziger Jahren angehören,
sind auch manche kleinere historische Erzählungen, die —
wie schon einer seiner früheren Romane „Unsers Herr-
gotts Kanzlei" — ein feines Gefühl für historische Stimmungen zeigen, auch in dieser späteren Zeit aber ging er
am liebsten in „alte Nester", um deren Poesie und Humor
mitten in der modernen Welt herauszuholen; wie aus-
gelassen sein Humor gelegentlich sein konnte, zeigt der
„Christoph Pechlin", dessen Held ein hinausgeworfener
Tübinger Stiftler ist.   Griffen auch diese späteren Werke,
wenigstens eine Zeit lang, nicht mehr so scharf und tief
wie die früheren in die Gegensätze von Welt und Gemüt
hinein, so verleugnete sich doch auch in ihnen weder Raabes
grundlegende Geistesrichtung noch sein tiefes Gemüt und
seine Kunst der Menschengestaltung.   Immerhin machte
sich, wie das zuweilen gerade bei originellen Humoristen
geschieht, mit der Zeit etwas wie Manier spürbar, so
etwa vom „Wunnigel" an; aber auch hiedurch ließ sich
der lichte warme Schein nicht vertreiben, der über seiner
ganzen Poesie liegt und aus tiefstem deutschem Herzen
kommt, „jenes Flimmern und Zittern", wie er selbst einmal sagt, „welches über den Werken der großen Dichter
liegt und überall die Sonne zur Mutter hat."

Außer Geibel und Heyse, Freytag und Reuter hat
es kein anderer von den wirklich bedeutenden Dichtern
des Zeitraums schon vor 1870 zu solcher Berühmtheit und
Beliebtheit gebracht wie Joseph Viktor Scheffel.
Später, zur Zeit „der Moderne", hat sich auch gegen ihn

eine grämlich nergelnde Kritik erhoben, die ihm jede
poetische Bedeutung absprechen wollte. Das war freilich
ein begreiflicher Rückschlag gegen eine ins Maßlose ge-
ratene Scheffelverehrung und Scheffelnachahmung; Scheffel-
vereine, Scheffeljahrbücher, und was dergleichen sonst gegen
das Ende des Jahrhunderts zum Modebetrieb der litterarischen Zeitbildung gehörte, nahmen sich freilich sonder-
bar anspruchsvoll aus, und in der Scheffelnachahmung
forderte der unbarmherzigste Dilettantismus so unerhörte
Opfer, daß mäßige Talente unter den Nachahmern, wie
Julius Wolff und Rudolf Baumbach, noch bedeutend
scheinen konnten. Aber was konnte Scheffel für das alles?
Er selbst war kein Nachahmer, sondern als Dichter und
Mensch eine durchaus selbständige Persönlichkeit, und
gegen überstiegene Verehrer konnte er bei Lebzeiten gelegentlich so ablehnend oder stachelig sein wie Gottfried
Keller. Seine großen Erfolge aber hat er als Dichter
ehrlicher verdient als manch andere Berühmtheit, denn
wenn er auch nicht zu den Größten zählte, so war er doch
ein echtes, originales Talent, gestaltungskräftig und geistig
viel tiefgründiger, als seine seichten Verehrer oder ober-
flachen Kritiker ahnten. Und er hatte dem deutschen Volk
zu seiner Zeit etwas zu geben, wenn auch nicht das Größte
und Tiefste, was es damals bedurft aber vielleicht nicht
einmal gewürdigt hätte, so doch etwas Gesundes: Humor
und deutsche Weltauffassung. Wer seine Erfolge zu einem
guten Teil der deutschen akademischen Jugend verdankt,
an dem muß etwas sein oder es ist an dieser Jugend
nichts — die deutsche Studentenjugend der sechziger Jahre
aber, die dann die Schlachten von 1870 mitgeschlagen hat,
war noch im Kern gesund und unberührt von der nach

1870 eingetretenen geistigen und ethischen Entartung, und
sie hat in Scheffel durchaus nicht bloß den Dichter des
erst 1868 erschienenen „Gaudeamus" verehrt, auch nicht
bloß den des „Trompeters", sondern recht sehr den Dichter
des „Ekkehard" und der „Frau Aventiure". Dem Stamme
nach war der 1826 in Karlsruhe geborene Scheffel, was
man einen Rheinschwaben nennen kann, es mischte sich
in seinem geistigen Naturell in eigentümlicher Weise die
schwerere, oft sogar schwerflüssige schwäbisch=alemannische
Art mit der leichteren rheinischen. Wie so mancher an=
schauungskräftige Dichter glaubte er sich eine Zeit lang
zum Maler berufen und hat erst mit dem Ende der ersten
Jugend den Dichter in sich entdeckt; indessen hatte ihn
aber auch das ihm aufgedrungene Rechtsstudium noch zu
anderen Studien geführt, die dann seiner Dichtung Stoff
gaben. Im Jahr 1854 erschien sein „Trompeter von
Säkkingen", den er das Jahr zuvor auf Capri, statt zu
malen, geschrieben hatte — mit ihm begründete er seine
Erfolge. Trotz der simpeln Fabel und ziemlich billigen
Konfliktslösung, trotz vieler holprigen trochäischen Vier=
füßler ist dieses Erstlingswerk Scheffels keineswegs das
leichte und seichte Ding, als das man es später verschrieen
hat, nachdem allerlei Modeunwesen sich daran gehängt
hatte. Es ist eine Jugendarbeit, aber von eigener Art,
frisch und gesund und von einem ehrlichen Humor, welcher
der naheliegenden Sentimentalität und Gefühlsflachheit
kräftig wehrt, und neben dem Humor zieht ein Ernst weh=
mütig tiefer Weltauffassung durch das Buch, der sich haupt=
sächlich in dem „stillen Mann" poetisch verdichtet und
schon eine starke Reise zeigt. Schon 1855 aber folgte der
Roman „Ekkehard", und dieser ist nicht nur Scheffels ge=

biegenste poetische Leistung, sondern überhaupt einer der
wertvollsten, das heißt poetisch und künstlerisch wertvollsten
Romane, welche die deutsche Litteratur besitzt, zum min=
desten unter den historischen oder kulturhistorischen Ro=
manen. Denn der spröde und fernliegende Stoff ist hier
so vollständig und restlos poetisch bezwungen, als es über=
haupt einem Roman möglich scheint. Durch den Humor
und den natürlichen Gemütston, sowie durch die klare
poetische Gestaltung des zu Berichtenden bringt Scheffel
dem Leser das Erzählte so nahe, daß er es menschlich
miterlebt und nicht sonderlich darum bekümmert ist, in
welchem Jahrhundert er sich befindet; das harte Stück
Weltgeschichte einer rauhen Zeit, die bedeutenden kraft=
vollen Regungen der werdenden deutschen Kultur gerade
in dieser Zeit — dieses Historische bedrückt den Leser nicht
mit Fragezeichen und halbgelösten Rätseln, sondern wird
ihm lieb und vertraut durch die Persönlichkeit des Er=
zählers, der das so zu erzählen weiß. Und das Ganze
ist so durch und durch deutsch, daß man den Wirkungen
des „Ekkehard" auf die deutsche Jugend geradezu eine
nationale Bedeutung zuschreiben darf. Ein Wartburg=
roman, den Scheffel lange mit sich herumtrug und der
ihm unter leidvollen Lebenserfahrungen noch mehr Ge=
mütsschwere schuf, ist nicht zu stande gekommen, und es
ist fraglich, ob er die Höhe des „Ekkehard" erreicht hätte.
Als Niederschlag davon blieb die kleine, aber künstlerisch
völlig runde Erzählung „Juniperus" und das Liederbuch
„Frau Aventiure". Der Schein gelehrter Nachbildung,
den diese „Lieder aus Heinrich von Ofterdingen Zeit"
haben, ist nur der Schein der äußeren Form; in Wahr=
heit sprach sich hier zum überwiegenden Teil Erlebtes und

Empfundenes mit starkem Leidenschaftston oder mit frischem
Humor aus, und wer sich einmal in das Buch eingelebt
hat, der findet hier die tiefste und beste Lyrik Scheffels.
Die Lieder der „Gaudeamus" aber tragen allerdings den
Charakter der Studentenpoesie, doch ist nicht einzusehen,
warum eine solche nicht auch einen Platz in der Litteratur
haben solle — in der der modernen so gut wie in der
früherer Jahrhunderte.   Sodann aber sind die meisten
dieser Lieder doch etwas mehr als vergängliche Bier=
zeitungen: es waltet in ihnen neben einfachem Kneip=
humor doch auch jener Humor, der sich in die komischen
Widersprüche vertieft zwischen dem heißen Ringen des
Menschen um Wahrheit und Erkenntnis und der Unzu=
länglichkeit unseres Wissens, zwischen großen wissenschaft=
lichen Ausblicken und Famulus=Wagner=Kleinkram.   Es
ist nicht einzusehen, warum man über diese Widersprüche
nicht auch lachen sollte, statt sich nur über die Schranken
unserer Erkenntnis zu betrüben, und warum diesem Humor
nicht auch ein wirklicher Dichter einmal burschikosen Aus=
druck hätte geben sollen.

Es wäre verwunderlich gewesen, wenn in einer poetisch
so fruchtbaren Zeit nicht auch das engere Schwabenland
den einen oder anderen Mann gestellt hätte, auch außer
dem Realisten Hermann Kurz; hier ist ja uralt poetischer
Boden, der immer trägt, wenn auch eigensinnig und un=
gleich.   Die Ernten der litterarischen Mode hat er frei=
lich bisher nie getragen, und so sind die minder kräftigen
schwäbischen Talente auch nur selten auf den Wellen einer
Tagesströmung in weitere Kreise gedrungen.   Daß es aber
an allerlei Talenten auch in den fünfziger und sechziger
Jahren nicht fehlte, mag man aus dem 1864 von Lud=

wig Seeger herausgegebenen „Deutschen Dichterbuch
aus Schwaben" ersehen, das die einheimischen Talente
der Zeit mit älteren Schwaben und nichtschwäbischen Dichtern vereinigte. Die meisten finden sich dann, nebst einigen jüngeren Dichtern, wieder in dem 1883 von Eduard
Paulus und Carl Weitbrecht herausgegebenen „Schwäbischen Dichterbuch". Eine bestimmte Durchschnitts-
richtung ist bei den schwäbischen Dichtern jener Periode
nicht zu bemerken; es mischen sich ältere, romantische Elemente mit Merkmalen der Geibel'schen Richtung und
realistischen Zügen. Durch Stärke der dichterischen Persönlichkeit aber ragten aus der Reihe jener Talente Friedrich Vischer und J. G. Fischer hervor. — Der als
Aesthetiker berühmte Friedrich Theodor Vischer hat
allerdings einige seiner poetischen Hauptwerke erst in den
siebziger und achtziger Jahren veröffentlicht, dem Geiste
nach gehörte er aber unbedingt der Zeit vor 1870 an.
Auch überwog in seiner Gesamtpersönlichkeit der Mann
des Denkens und der Wissenschaft ohne Zweifel den Dichter,
aber diese Persönlichkeit war an sich so wuchtig und die
künstlerische Veranlagung seiner Natur doch so wesentlich,
daß auch da, wo er sich dichterisch aussprach, nichts Un-
bedeutendes herauskommen konnte. Andererseits wäre
Vischer das, was er als Mann der Wissenschaft, insbesondere als Aesthetiker bedeutet, niemals gewesen oder
geworden, wenn ihm nicht der Künstler von Anfang an
im Blut gesteckt wäre, wenn er nicht selbst soweit Poet
gewesen wäre, daß er in der Dichterwerkstatt Bescheid
gewußt hätte wie kein bloßer Gelehrter. Auch aus seinen
wissenschaftlichen Werken schaut alle Augenblicke der Dichter
heraus — und der Humorist; denn so viel in seinen 1882

erschienenen „Lyrischen Gängen", in den zornigen „Epi=
grammen aus Baden=Baden" von 1867, auch in dem
romanartigen „Auch Einer" von 1879 und sonst an ernst=
hafter, oft schwer ernster Poesie und Gedankenfracht sich
findet — der Humor und die humorvolle Satire geben
seiner Poesie doch den hervorstechenden Charakter. Im
Jahr 1807 geboren, hat er die ganze geistige und nationale
Entwickelung der Deutschen von den dreißiger Jahren bis
zu seinem 1887 erfolgten Tode mit durchlebt und mit
durchwirkt, zum Teil in leidenschaftlicher und doch wieder
männlich besonnener Anteilnahme an den geistigen und
politischen Kämpfen, aber nie verengt im Parteiwesen,
immer mit weiten Gesichtspunkten, stets schlagfertig auf
dem Plan mit seinem scharfgeschliffenen Wort, ethisch tief
und wissenschaftlich gediegen, auch den Angelegenheiten
des täglichen Lebens nicht fremd, ein begeisternder Lehrer
von Tausenden auch über den engeren Schülerkreis hinaus,
ohne Phrasengeklingel ein deutscher Patriot vom Wirbel
bis zur Zehe, mannhaft, markig und originell in Ernst
und Spaß, auch in menschlichen Schwächen noch liebens=
wert. Daß eine solche Persönlichkeit auch poetisch etwas
zu sagen haben mußte, begreift sich; ebenso aber, daß
das eigentümliche Mischungsverhältnis von Denkanlage
und künstlerischer Befähigung ihn weniger auf ganz ur=
sprüngliche Lyrik und ernste epische oder dramatische Ge=
staltung wies, als auf humoristisch=satirische Dichtung. In
dieser aber verband er einen vertieften Gehalt und weiten
Horizont in einzigartiger Weise mit einer kecken Lust am
Närrischen, ja Barocken; das zeigte sich schon in seinen
jugendlichen „Morithaten" vom „alten Schartenmaier",
später noch in dem komischen Heldengedicht „Der deutsche

Krieg 1870—71" und mit siegender satirischer Kraft in
dem 1862 zuerst erschienenen „dritten Teil Faust", mit
dem er zwar alle Goethephilister schwer geärgert aber
auch manch schwankendes Gemüt von der Goethephilisterei
heiter kuriert hat. „Auch Einer" war und ist ein Werk,
das in keiner Schablone unterzubringen ist und nur bei
voller humoristischer Freiheit ganz gewürdigt werden kann;
der Kampf eines großangelegten Gemüts mit den kleinen
Zufallstücken des Lebens, in seiner Tragik gefaßt und
doch im Licht des Humors dargestellt — das war kein
Lesefutter für enge und zimpferliche Bildungsseelen und
wurde von der Masse der Romanleser so wenig verstanden
wie von der Tageskritik. Tiefer angelegte Naturen aber
sind noch immer, auch wenn ihnen der letzte Sinn des
Werkes nicht aufging, doch von dem Reichtum an Geist
und Gemüt gefesselt worden, der über das ganze Werk
ausgestreut ist. Seiner satirischen Faustposse gesellte Vischer
im Jahr 1884 noch eine schwäbische Dialektkomödie
„Nicht I, a". Sie nimmt zwar in der Komposition nicht
immer genügende Rücksicht auf die Forderungen des
Bühnenspiels, ist aber doch mehr als ein bloßes Lese=
drama und giebt mit schlagkräftigem Humor ein in allem
Wesentlichen durchaus echtes schwäbisches Kulturbild auf
dem Hintergrund der Revolutionsbewegung von 1848;
in der dramatischen Dialektlitteratur darf das Stück jeden=
falls einen hervorragenden Platz beanspruchen. — Eine
ähnliche Verbindung von künstlerischer mit wissenschaft=
licher Begabung wie bei Vischer fand sich auch bei David
Friedrich Strauß, in dessen Prosaschriften der Schrift=
steller so interessant ist wie der theologische Kritiker, dessen
nach seinem Tod erschienenen Gedichte ein nicht geringes

lyrisches Talent zeigten. Die unzweifelhafteste Poetenerscheinung unter den älteren schwäbischen Dichtern nach
Mörike war aber — nicht etwa der als geistlicher Dichter
bei den Norddeutschen mehr als im Süden geschätzte Karl
Gerok, der übrigens als „weltlicher“ Dichter mehr bedeutet
denn als geistlicher — sondern der außerhalb Schwabens
erst spät völlig anerkannte Johann Georg Fischer. Er
ist 1816 am Fuße des Hohenstaufen geboren, und von seiner
ländlichen Jugend und seiner teilweise autodidaktischen
Bildung brachte er ebensoviel Natursinn, Volkskenntnis
und Naivetät wie Hang zur Reflexion in die Poesie mit.
Seine ersten Gedichte erschienen 1854, seine Dramen in
den sechziger Jahren, aber in den Jahren 1891 und 1896
ließ er noch neue Sammlungen Lyrik, „Auf dem Heim-
weg“ und „Mit achtzig Jahren“ erscheinen, in denen eine
merkwürdig ungealterte Dichterkraft sich kund gab. Als
er im Jahr 1897 starb, galt er selbst bei der modernen
Berliner Kritik als ein großer Lyriker — und in der
Lyrik ruht in der That seine poetische Bedeutung; sein
dramatisches Talent war geringer, obschon auch seine
Dramen der Beachtung nicht unwert wären. Der Lyriker
J. G. Fischer hat ein so scharfbestimmtes eigenes Gesicht,
daß man ihn mit keinem andern, auch keinem andern
Schwaben verwechseln könnte; wohl trägt seine Poesie
eine schwere Tracht Gedanken mit sich, die an Schiller
oder Hölderlin zu gemahnen scheint, angesichts der schlichten,
knappen, innigen Art vieler seiner Lieder und Stimmungs-
bilder mag man auch an Uhland oder Mörike denken —
und doch ist hier wieder etwas ganz anderes, der Ausdruck einer nur einmal so vorhandenen Dichterpersönlich-
keit. J. G. Fischer war in seiner Art ein ganz moderner

Dichter, den romantischen Zug der älteren Schwaben hatte
er völlig abgestreift; dafür hatte er sich aber sozusagen
seine eigene Romantik geschaffen, die Romantik einer auf
dem schwäbischen Land und Dorf gewachsenen Naturmystik,
die dem Vogel ins Nest guckt und unterm Schleedornhag
das Naturgeheimnis und das Seelenrätsel des Menschen
dichterisch in Eins philosophiert. Er war ein Mensch
seiner Zeit und lebte auch ihr öffentliches Leben als
Mann und Dichter mit — von ihm stammt das geflügelte
Wort von dem „Einen Mann aus Millionen", dessen Bild
er schon im Jahr 1849 mit überraschender Deutlichkeit
umriß — aber er ging nicht unter in den Kämpfen des
Tages, sein Auge weilte betrachtend über den großen Be=
wegungen der Weltgeschichte und ihrer „unendlichen gött=
lichen Komik". Seine Lyrik zeigt den Hang zum Grübeln,
das Bedürfnis, die Rätsel der Welt= und Menschenseele,
nicht am letzten die Rätsel der Frauenseele immer wieder
hin und her zu wenden, und nicht immer gelingt es ihm,
die Gedankenfäden klar und licht in poetische Anschauung
herauszuspinnen; aber irgendwie verstummt das Wort der
Reflexion doch immer wieder in andächtigem Schauen
vor den Wundern des Seins, und neben der Reflexion
steht doch immer so viel dichterische Naivetät, erklingen
so ungebrochene und ungefälschte Naturlaute, als man nur
wünschen mag. Und neben dem großen hymnenartigen
Zug seiner Welt= und Geschichtsandacht findet sich auch
ein scharfrealistischer Sinn fürs Einzelne der Wirklichkeit
bis zu dem „Augentrost", den „ein rechter Fuhrmann mit
seinen Pferden" bietet, und ein ganz herzhaftes Stück
knorrigen Humors. J. G. Fischer war in unserer neueren
Lyrik eine nichts weniger als alltägliche Erscheinung und

gehörte mit seiner ganzen Persönlichkeit zu denen, die
„droben waren".

Es gab poetisch keine reichere Zeit seit Goethes
Tod als die äußerlich unscheinbare Zeit etwa zwischen 1848
und 1870, wenn auch manche ihrer poetischen Früchte erst
später gereift sind, andere schon vorher angesetzt hatten.
Und zwar war die Poesie dieser Zeit durchaus auf nationalem Boden gewachsen, aus eigenen Kräften des deutschen
Geistes entsprungen, in allem Wesentlichen unabhängig
vom litterarischen Ausland. Es war ein poetisches Sich-
besinnen auf sich selbst, eine Zusammenfassung des deutschen
Geistes an der Schwelle der nationalen Wiedergeburt. Will
man von einem Höhepunkt der deutschen Dichtung nach dem
Ablauf der klassischen und romantischen Zeit reden —
hier liegt er. Die Zeit Heines und des Jungen Deutschlands war nur eine Uebergangszeit dazu, und was sich
im letzten Viertel des Jahrhunderts selbst als den Gipfel
der Poesie ausgab, hatte mit jener Uebergangszeit so
manches Charakteristische gemein, daß man ja etwa daraus
die Hoffnung ableiten könnte, wir gehen wieder einem
Höhepunkt entgegen. Aber auf der anderen Seite trug
wenigstens die herrschende Litteratur dieses Vierteljahr-
hunderts so viele deutliche Zeichen der Entartung an sich,
daß schon ein starkes Vertrauen auf die gesunden Lebenskräfte der Nation dazu gehörte, um nicht an der Gegenwart und an der nächsten Zukunft irre zu werden. Die
Vorboten dieser Entartung zeigten sich allerdings schon
in der zweiten Hälfte der sechziger Jahre, aber erst nach
1870 ward sie so recht offenbar.

Fünfter Abschnitt.

Nationale Einigung und geistige Entartung.

Was der ganzen nationalen Bewegung des Jahr=
hunderts als ihr oberstes Ziel vorgeschwebt war, das voll=
zog sich im Sturme des Krieges von 1870 scheinbar mit
Einem Schlag, in Wahrheit auf Grund langer Vorbe=
reitungen: die Einigung der Nation. Der Liberalismus
hatte sein Teil zu diesen Vorbereitungen beigetragen, hatte
aber auch eine hemmende Kraft in ihnen bedeutet; mit
der vollendeten Thatsache mußte und konnte er sich ab=
finden, obwohl sie nicht genau nach seiner Regel in die
Welt getreten war — der frühere Widerstreit zwischen
nationalen und weltbürgerlich liberalen Bestrebungen, der
auch in der Litteratur sich geltend gemacht hatte, mußte
nun immer mehr an Sinn und Bedeutung verlieren.
Mochte der Liberalismus noch so viel für den inneren
Ausbau des nationalen Staates auf dem Herzen haben,
den kosmopolitischen, internationalen Zug mußte er mehr
und mehr teils dem Ultramontanismus und dem Juden=
tum überlassen, teils an die allmählich aufwachsende Social=
demokratie abtreten. Damit hatte er aber als geistige
Triebkraft, die auch in der Litteratur wirksam sein konnte,
sein früheres Wesen aufgegeben und mußte rückständig
werden, sofern er nicht in den neuen socialen Bewegungen
oder aber in neuen nationalen Zukunftsbestrebungen auf=
ging. Denn die gewonnene Einheit der Nation war zwar
durchaus nicht bloß eine äußerlich politische, vielmehr im
Grund ihres Wesens auch eine innere, geistige; aber für
ihre Ausgestaltung ins Einzelne brachte sie sofort eine

schwere Reihe von Zukunftsaufgaben politischer, socialer,
geistig-ethischer Natur, für die die alten liberalen Rezepte
nicht mehr genügten, und die durch den Krieg geschaffene
Macht- und Weltstellung der Nation wies auf eine weit-
ausgreifende nationale Zukunft, die freilich erst am Ende
des Jahrhunderts einigermaßen begriffen wurde, für die
aber gleichfalls die alte liberale Schablone weder politisch
noch geistig ausreichte, für welche vielmehr neue Formen
nationaler Bestrebungen gefunden und wirksam gemacht
werden mußten. Der Niedergang des bis dahin in der
Führung gewesenen Romanismus und ein Neuaufstreben
des Germanentums in Gestalt des Deutschtums; die gegen
das Ende des Jahrhunderts angebahnte Neuverteilung
der Welt, bei der auch der Deutsche sein gemessenes Teil
fordern muß — das und dergleichen brachte seit der Neu-
schaffung unserer Nation und bringt mehr und mehr,
langsam aber sicher, Horizontverschiebungen und Horizont-
erweiterungen, welche das Jahr 1870 als den Anfang
ganz neuer Zukunftsentwickelungen erscheinen lassen. Und
das alles mußte sich auch im geistigen Leben und irgendwie,
wenngleich erst allmählich oder nur langsam erkenn-
bar, in der Litteratur geltend machen. In der nationalen
Begeisterung des Kriegsjahrs und unmittelbar nachher
glaubten nun freilich viele, ein deutlich erkennbarer und
nachhaltiger Aufschwung des ganzen geistigen Lebens der
Nation müsse als unmittelbare Folge der Kraftanstreng-
ungen und Erfolge von 1870 eintreten, namentlich müsse
jetzt sofort eine große Litteratur und Poesie aus der
nationalen Erhebung hervorgehen. Das aber war eine
große Täuschung und konnte nichts anderes sein: große
Ereignisse von allgemein geschichtlicher oder nationaler

Bedeutung bringen nicht notwendig sofort oder zugleich große litteraturgeschichtliche Ereignisse mit sich; ob solche überhaupt und wann und in welchem Zusammenhang mit jenen Ereignissen von allgemeinerer Bedeutung eintreten, das hängt von den ganz besonderen Bedingungen jedes einzelnen Falles ab, läßt sich nicht zum voraus berechnen oder fordern, zuweilen auch hinterdrein kaum mit unbedingter Sicherheit feststellen. In dem Fall aber, in dem sich die deutsche Nation jetzt befand, stellte zwar die nationale Leistung von 1870 selbst noch einen starken Beweis von Gesundheit und Kraft des deutschen Wesens dar und hat Bedingungen geschaffen, unter denen auch zeitweilige Erkrankungen der Volksseele überwunden werden können und müssen und eine neue und noch höhere Kraftentfaltung für die Zukunft möglich scheint. Aber zunächst hatte eben schon eine Erkrankung der Volksseele angesetzt, die durch die mächtige Zusammenfassung aller gesunden Kräfte zwar augenblicklich aufgehalten oder wenigstens verdeckt werden konnte, aber bald darauf um so übler ausbrach. Und sie hat auch die deutsche Litteratur und Poesie zunächst für ein Vierteljahrhundert in Entartungen und Kämpfe, in Irrungen und Enttäuschungen geführt, aus denen sie erst jetzt, an der Wende des Jahrhunderts, sich allmählich scheint befreien zu wollen.

Was auch die tieferen oder weiter zurückliegenden Ursachen gewesen sein mögen, wie weit die Nachwirkungen der geistigen und socialen Ueberreizungen aus der Zeit zwischen den Revolutionen dabei noch im Spiele sein mochten, wie viel die neuen Verkehrs= und Erwerbs= bedingungen, der wachsende Wohlstand der bessergestellten Klassen und ein dem bürgerlichen Liberalismus ver=

schwisterter haftiger Bildungs= und Aufklärungstrieb, andererseits aber die beginnende sociale Gärung und auch
die neuen wissenschaftlichen Gärungen und Umwälzungen
mitgewirkt haben mögen: so viel ist unbestreitbar, daß
schon in der zweiten Hälfte der sechziger Jahre Spuren
einer geistigen Entartung zu erkennen waren, welche ernstere
Geister besorgt machen konnten. Sie lagen hauptsächlich
in dem Aufkommen einer geistlos grobmaterialistischen
Weltauffassung in Theorie und Praxis, die schon damals
zugleich die Neigung zeigte, aus einem handfest oberfläch=
lichen Optimismus in pessimistische Schwäche umzuschlagen.
Es begann etwas faul zu werden in einer sich satt dünken=
den Bildung, und litterarisch zeigte sich das am deutlichsten
in der Zeitschriften= und Unterhaltungslitteratur, die ja
wenig Anspruch auf ernsthafte, eigentlich ästhetische Betrachtung hat aber doch eine gewisse symptomatische Bedeutung für die Diagnose der jeweiligen geistigen und
ethischen Gesundheitsverhältnisse. Was von den Gebil=
deten in vielgelesenen Zeitschriften an seichtem Aufkläricht
verschlungen wurde und sonst als voreiliger Absud neuer
und schwerer wissenschaftlicher Probleme herumgereicht
wurde, jene ganze flache Popularisierung unreifer wissen=
schaftlicher Erkenntnisversuche im Geiste eines Moleschott
oder Büchner, das zeigte schon, wie unernst das durch=
schnittliche Bildungsstreben zu werden begann. Und eine
Bildung, welche den gespreizt verlogenen Romanen einer
Marlitt Triumphe bereitete oder gar Spottgeburten wie
Sacher Masoch und Vacano sich gefallen ließ, war doch
gewiß schon stark infiziert. Aber auch in der ernsthafter
zu nehmenden poetischen Litteratur traten schon bedenk=
liche Zeichen des Angefaulten und Entartenden auf; bei

lyrischen Talenten zweiten Rangs zeigte sich vielfach schon
jene verdächtige Mischung von gesteigerter sinnlicher Ge-
nußgier und pessimistischer Schlaffheit und Lebensmüde,
die doch gewiß ein Kennzeichen der Entartung ist, und auch
Dichter oder Romanschriftsteller, die gegen 1870 hin großen
Ruf gewannen, ließen ebendadurch erkennen, welcher Geist
zu wehen begann. Bezeichnend hiefür waren, jeder in
seiner besonderen Art, namentlich Spielhagen und Hamerling.

Friedrich Spielhagen, 1829 in Magdeburg
geboren, hat in den sechziger Jahren mit seinen Romanen
„Problematische Naturen", „Die von Hohenstein", „In
Reih' und Glied", „Hammer und Ambos" in gewissen
Kreisen große Erfolge erzielt, in anderen wenigstens Aufsehen gemacht. Ein Dichter ist in diesen Romanen kaum
zu erkennen, wohl aber ein gewandter Romanschreiber,
der bestimmte Wirkungen zu erzielen weiß, über die Technik des Romans nachgedacht und auch geschrieben hat.
Schilderung, Beschreibung, tendenziöse Rhetorik nebst einem
guten Stück Sensation sind das Lebenselement seiner Romane; dichterische Konzentrierung im höheren Sinne,
lebenswahre Gestaltung aus der Tiefe des deutschen Geistes
heraus fehlt ihnen in bedenklichem Maße. Was aber ge-
radeswegs abstoßen kann, das ist die einseitige und oberflächliche Tendenz eines schon rückständig werdenden Liberalismus, die in den meisten Spielhagen'schen Romanen
waltet und sie zu verspäteten Nachzüglern der jungdeutschen
Tendenzromane macht. Daß das dem preußischen Fort-
schrittlertum aus der „Konfliktszeit" der sechziger Jahre
mundgerecht war, ist ja begreiflich; aber daß Spielhagen
gegen 1870 hin auch außerhalb der politischen Partei-

kreise schon als eine Größe galt, war doch nicht bloßes
Ergebnis der politischen Parteistellung, zeugt vielmehr
von einem Flachwerden des Bildungsgeschmacks und an=
gesichts der ungesund sensationellen Reize in seinen Ro=
manen davon, daß mit den Nachwirkungen aus einer
überwundenen Zeit sich schon die kranke Geschmacksrichtung
der siebziger Jahre verband.

Ein wirklicher Dichter dagegen war ohne Zweifel
der Oesterreicher Robert Hamerling, der 1830 ge=
boren und 1889 gestorben ist, aber auch seine Erscheinung
und der starke Erfolg, den er eine Zeit lang fand, deuteten
doch auf etwas, was schon nicht mehr recht gesund war.
Auf der einen Seite war ja viel Sympathisches an ihm:
eine edle und interessante Persönlichkeit nicht nur, sondern
auch nicht wenig dichterische Kraft. Seine Gedichte und
sein „Schwanenlied der Romantik" lassen lebhaftes lyri=
sches Blut verspüren; ein philosophisch gerichtetes Träumen
und Bohren, ein stolzer Poetentrotz gegenüber dem mo=
dernen Bildungsphilistertum, der sich kurz vor seinem Tode
noch einmal in dem satirischen Epos „Homunculus" rück=
sichtslos aussprach, ließ ihn nie ins Gewöhnliche herunter=
sinken; mit der üppigen Farbenglut seiner 1864 und 1866
erschienenen Epen „Der König von Sion" und „Ahasver
in Rom" verband sich immerhin ein gewisser Zug ins
Große oder wenigstens Bedeutende. Aber auf der andern
Seite geht sein Bohren und Grübeln doch häufig schon
ins Ueberreife und pessimistisch Angekränkelte, die Schil=
derung überwiegt auch in seiner Poesie, als ob sie Selbst=
zweck wäre, ihr Farbenglanz erinnert allzu oft an bloße
Dekorationsmalerei, und dieses Schildern bringt den
Dichter, der sonst als glühender Apostel des Schönen auf=

tritt wie nur irgend ein Münchener, zu breiten Häßlichkeits=
darstellungen und Ausmalungen einer fauligen Sinnlich=
keit. Es ist in Hamerlings Poesie doch schon ein Zug
nach abwärts statt nach aufwärts; immer wieder, auch
durch kräftigere Laute hindurch, hört man die Klagetöne
einer müden Seele, die an den Bestand des Großen und
Schönen nicht mehr glaubt, für sich selbst wohl noch im
Schönen schwelgt, aber für die Welt nur in eine öde Zu=
kunft schaut und auch darin schwelgt, die Veröbung und
Zersetzung in formal prächtigen Bildern und Rhythmen
auszumalen. Man mag dergleichen für den Dichter selbst
schmerzlich bedauern, aber eine Zeit, die Geschmack daran
findet, trägt doch schon deutlich die Zeichen der beginnen=
den Entartung. — Im ganzen hat man von der Zeit
gegen 1870 hin doch den Eindruck, daß die deutsche Poesie
wieder im Niedergang begriffen sei im Vergleich mit der
gesunden Kraft, die in dem poetischen Realismus und
verwandten Erscheinungen sich geoffenbart hatte. Und die
nationale Erhebung im Jahre 1870 war auf die Dauer
doch nicht im stande, einen weiteren Niedergang im großen
und ganzen aufzuhalten. Was gesund und kräftig aus
früheren Jahrzehnten herüberkam und fortwirkte, bildete
zwar ein Gegengewicht und bot eine gewisse Bürgschaft
für eine spätere Zukunft; aber was zunächst in den nun
kommenden Jahrzehnten sich in den Vordergrund drängte,
was ihrem besonderen Geiste entsprang, das erhob wohl
ungemessene Ansprüche, machte auch mit der Zeit krampf=
hafte Versuche, aus der Entartung herauszukommen, aber
bis zum Schluß des Jahrhunderts ohne nennenswerten
Erfolg.

Der 1870er Krieg selbst hat zunächst eine massenhafte

Kriegslyrik erzeugt. Ihren Wert hat eine spätere Kritik sehr gering angeschlagen, und es läßt sich allerdings nicht leugnen, daß der wohlmeinende aber poetisch unfähige Dilettantismus im Kriegsjahre ganze Hekatomben von Versen auf dem Altar des Vaterlandes geopfert hat, daß auch Dichter von großen Namen wie Geibel poetisch recht Mäßiges geleistet haben, daß nur wenige Dichter, die damals neu auftraten, auch später zu einiger Bedeutung gekommen sind, daß manches, was damals ein Haupttreffer schien, nur der Erregung des Augenblicks oder irgend einem Zufall seine Schätzung zu danken hatte. Aber das alles leidet im Grund auch auf die Lyrik der Befreiungskriege Anwendung, und es ist doch klar, daß ein Krieg mit all seiner patriotischen Erhebung und Begeisterung keine Dichter aus dem Boden stampfen kann, die nicht da sind, und daß auch von den Vorhandenen nicht jeder zum Kriegslyriker veranlagt ist. Aber poetisch so wertlos war die Kriegslyrik von 1870 doch nicht, wie sie späteren Kritikern erschien, die als Kinder eines langen Friedens und einer rasch wieder nüchtern gewordenen Zeit nicht gut im stande waren, sich in wirkliche Kriegsstimmung zu versetzen und den poetischen Ausdruck solcher Stimmung voll zu würdigen. Namentlich unter den Gedichten, die aus der ersten Zeit nach der Kriegserklärung stammen, aus den Tagen vor dem ersten Schuß, ist nicht weniges, was der ungeheuer gespannten und mächtig aufrüttelnden Stimmung jener Zeit den vollständig entsprechenden poetischen Ausdruck gab; und auch später noch haben die fortschreitenden Ereignisse manche treffliche lyrische Dichtung geweckt. Bemerkenswert ist dabei, daß die am meisten von poetischer Stimmung durchtränkten Gedichte aus dem

deutschen Süden kamen, wo außer einigen jüngeren, bis
dahin unbekannten Dichtern auch sonst schon bekannte
Dichter wie Wilhelm Hertz, Hermann Lingg, Karl Gerok,
J. G. Fischer, auch Freiligrath (der damals in Cannstatt
lebte) manch kräftiges lyrisches Stück gaben — während
der Norden mehr Rhetorik und Deklamation brachte oder
einen etwas wachstubenmäßigen Humor. Die späteren
Kritiker aber, denen der Ton der damaligen Lyrik zu
zornig und dreinschlägerisch scheinen wollte, hätten bedenken sollen, daß wir dazumal nicht aus der behag-
lichen Sicherheit des neuen Deutschen Reiches heraus
dichteten, sondern aus einer namentlich im Süden höchst
drangvollen Lage, in der sich's um die Existenz der Nation
handelte und die wir doch zugleich als ihre eigentliche
Geburtsstunde empfanden. — Sehr wenig dagegen bedeuteten die nach dem Krieg gemachten Versuche, ihn
episch zu verwerten. Man meinte, nun ein neues nationales Epos schaffen zu können, aber die das unternahmen,
sind mit der Kleinheit der Ausführung weit hinter der
Größe und Bedeutung dessen zurückgeblieben, was die
Nation wirklich empfunden und erlebt hatte. Es ist eben
noch nie in der Welt ein nationales Epos auf dem Wege
entstanden, daß nach einem vollendeten Kriege irgend ein
braver Poet hingesessen ist und ihn besungen hat; es war
immer ein langer und langsamer Prozeß, bis die Erinnerungen aus Kriegszeiten, die wirklich in Stimmung
und Phantasie der Nation geschlagen haben, sich so verdichtet und an bestimmte Gestalten und Ereignisse geknüpft
hatten, daß das Geschichtliche zur nationalen Sage ge-
modelt war und so Poesie werden konnte. Wie wenig da
mit dem guten Poetenwillen und dem Patriotismus eines

Einzelnen in abſehbarer Zeit zu machen iſt, das hätten
die an ſich ganz achtungswerten Verſuche zeigen können,
die ſchon von den vierziger bis zum Ende der ſechziger
Jahre Chriſtian Friedrich S ch er en b er g mit ſeinen Epen
aus dem ſiebenjährigen Krieg und der napoleoniſchen
Zeit gemacht hatte. — Abgeſehen nun aber von der eigentlichen Kriegspoeſie hat das Jahr 1870 wenig direkten
Einfluß auf die Poeſie der folgenden Jahrzehnte geübt.
Nur indirekt, ſofern das ganze nationale Leben nunmehr
auf neue Grundlagen geſtellt war, mußte die geiſtige Ge-
ſamtentwickelung und ſo auch die Litteraturentwickelung
davon beeinflußt werden; aber teils ging das ſehr lang-
ſam, und die aus der Zeit vor 1870 ſtammenden Ent-
wickelungsgänge liefen mit merkwürdiger Zähigkeit weiter,
teils wirkten die neuen Lebensbedingungen zunächſt mehr
verwirrend als klärend und trieben mit unheimlicher Stärke
gerade das Ungeſunde an die Oberfläche, was ſich ſchon
im geiſtigen Leben der Nation angeſammelt hatte. Es hat
ſo ziemlich den ganzen Reſt des Jahrhunderts gebraucht,
bis neu einſetzende Lebenskräfte einigermaßen wirkſam zu
werden und eine offenbare Entartung zu überwinden be-
gannen, und auch das war früher im Leben zu verſpüren
als in der Litteratur: dieſe, ſoweit ſie der Zeit eigentümlich war, war vielmehr das eigentliche Ablagerungs-
feld für all den Schutt, den der mühſam ſich vollziehende
Umbau des nationalen Geſamtlebens nunmehr auswarf
— von wenigen erfreulichen Erſcheinungen abgeſehen.
Eine große Perſönlichkeit aber, welche der Litteratur hätte
Richtung geben können und an der ſich deswegen auch
die Darſtellung der Litteratur orientieren könnte, fehlte
dem letzten Vierteljahrhundert vollſtändig — trotz aller

Großmannsucht und obwohl alle Augenblicke eine neue
Größe ausgerufen wurde. Das einzige überragende und
beherrschende Genie, das die Zeit hatte, war eben kein
poetischer Genius, sondern ein Mann der nationalen That,
dem alles Schimpfen und Nergeln, alle unberechtigte oder
auch berechtigte Kritik nichts von seiner Größe rauben
konnte — Bismarck. Was seine Persönlichkeit indirekt,
auch geistig und nationalethisch wirkte, das wird sich erst
in Zukunft deutlicher herausstellen; aber der künstlerische
und poetische Genius der Zeit war er eben nicht. Und
das war auch der andere nicht, den die Leute dafür ausgegeben haben — Richard Wagner; vielmehr hat auch er
sein gut Teil zu der Verwirrung beigetragen, die das
Vierteljahrhundert litterarisch-ästhetisch aufweist. Und so
läßt sich auch die litterarische Entwickelung der letzten Jahrzehnte mehr in ihren geistigen Grundzügen und aus den
allgemeinen Kulturfaktoren der Zeit begreifen und darstellen, als daß viel von neuen und mächtig durchgreifen-
den Dichterpersönlichkeiten die Rede sein könnte. Andererseits war ein gut Teil dieser Entwickelung so sehr vom
Ausland beeinflußt, daß auch ausländische Erscheinungen
ihre Berücksichtigung finden müssen, wenn man die ein-
heimische Entwickelung verstehen will; und nichts zeigt
deutlicher als das, wie langsam und durch welche Irr-
wege hindurch das neue nationale Leben auch litterarisch
wirksam wurde — während die fünfziger und sechziger
Jahre, und was aus ihnen stammte, gerade ihre besten
poetischen Leistungen aus dem eigenen Leben der Nation
geholt hatten.

Nachdem der Krieg vorbei und das neue deutsche
Reich gegründet war, als die unmittelbare nationale Er

regung naturgemäß wieder ruhigeren Stimmungen Platz
machte, da war es auch natürlich, daß die Aufgabe, den
neuen Nationalstaat innerlich auszubauen, mancherlei Er-
nüchterungen brachte, daß allerlei Arbeiten und Kämpfe
höchst praktischer Natur die Geister beschäftigten und das
Interesse beanspruchten. Zunächst hatte der gemeinsame
Vorstoß des Romanismus, des napoleonischen Frankreichs
und des jesuitisierten Roms gegen das germanische Wesen
den sogenannten Kulturkampf in Deutschland zurückgelassen.
Ob die Abwehr geschickt war oder nicht, eine höchst unbe-
queme Hemmung für die nächsten Aufgaben bedeutete der
„Kulturkampf“, und für die Litteratur im engeren Sinn
hat er weiterhin die Folge gehabt, daß allmählich nicht
nur eine specifisch ultramontane Litteraturgeschichtschrei-
bung auftrat, sondern auch eine tendenziös katholische
schöne Litteratur sich entwickelte, die sich von der übrigen
deutschen Litteratur scharf absondert. Ihr poetischer Wert
ist freilich nicht sehr groß; und was an eigentlicher Kultur-
kampfpoesie in der ersten Hälfte der siebziger Jahre zu Tage
trat, war gleichfalls von keiner über den Tag hinaus-
gehenden Bedeutung.

Sodann aber trat jetzt alles das, was im deutschen
Leben schon vor dem Kriege angefault und entartet gewesen war, mit erschreckender Geschwindigkeit an die Oberfläche. Was an gemein materieller Welt= und Lebensauffassung, an flachem Bildungsdünkel, an geistloser Gier
nach Gewinn und Genuß sich schon vorher leise ange-
sammelt hatte, das brach nun in einem wüsten Taumel
schwindelhafter Ueberhebung heraus. Der Bildungspöbel
begriff nicht, daß es jetzt erst recht galt, in ernster Arbeit
und strenger Zucht die aufgerüttelte Kraft zusammenzu-

halten — ausbeuten, ausschinden wollte man die schein=
bar unerhört günstige Zeitlage für das gemein egoistische
Interesse. Die fünf Milliarden Kriegsentschädigung stiegen
dem Philister zu Kopf, der Aufschwung von Handel und
Industrie artete in jenen furchtbaren Schwindel der be=
rüchtigten „Gründerzeit" aus, erzeugte jene wüste Hetz=
jagd nach raschem mühelosem Gewinn und ebenso flüch=
tigem gierigem Genuß, an die man heute noch nicht
ohne Ekel zurückdenken kann. So ziemlich alle Stände
wurden in irgend einer Weise von der Seuche ergriffen.
Zwar kam bald der unausweichliche „Krach" und räumte
einigermaßen auf, aber das Unheil war da, die Gesundheit
der Nation auf lange hinein vergiftet. Das geistlose
Protzentum, dem Kunst und Poesie nur ein Gegenstand
des Prahlens und des pikanten Sinnenreizes war, hatte
sich schon gehörig im geistigen Leben festgefressen, seine
Kreise waren die tonangebenden des Geschmacks geworden.
Unt ein hohler Bildungsdünkel, eine geistlos oberflächliche
materialistische und mechanische Weltanschauung, die mit
dem ernsten Ringen der Wissenschaft um ihre neuen
Probleme gar nichts zu thun hatte, eine blöd philisterhafte
Alleswisserei, eine schulmeisterige Lern= und Belehrungs=
wut, eine unerträgliche Anmaßung der Halbbildung trieben
ihr schon vor dem Kriege aufgekommenes Wesen noch
toller weiter. Dieses Kulturphilistertum warf sich nicht
nur auf die popularisierte Naturwissenschaft, namentlich
auf die vermeintlichen Ergebnisse der Darwin'schen Theo=
rien, sondern auch auf die scheinbar noch bequemer zu
begehenden Gebiete der Geschichts= und Altertumswissen=
schaft; die schwierigsten Fragen des Menschendaseins glaubte
man auf Grund von einiger naturwissenschaftlichen und

historischen Brockenweisheit wie eine Nuß aufknacken zu
können, und gealtertümelt wurde in Lektüre und Wohnung
und Tracht und Gerät mit einer wahrhaft komischen Wut
und bodenlosen ästhetischen Naivetät. Noch mehr kam
dazu. Im Zusammenhang mit dem Aufschwung der Industrie kam auch in den Buchhandel, in das Zeitungs-
und Zeitschriftenwesen ein fabelhaft industrieller Zug, wie
ihn die Welt früher nicht gekannt hatte; das Feuilleton,
das schon seit der Zeit Heines und des Jungen Deutschlands in die Litteratur eingezogen war, wurde jetzt all-
mächtig mit seinem fragmentarischen, prickelnden, geist-
reichelnden Wesen. Und zugleich und im Zusammenhang
damit begann sich etwas zu bilden, was so auch noch nie
in der Welt dagewesen war: ein eigentlicher zünftiger
Schriftstellerstand mit Standesinteressen und Standes-
ansprüchen; ihm mochten ja viel ehrenwerte Männer und
tüchtige geistige Arbeiter angehören, in ihm wurde aber
auch rasch ein massenhaftes Schriftstellerproletariat von
anmaßenden Absprechern und lecken Nichtskönnern ge-
züchtet, das mit der Zeit auch ökonomisch das Proletariat
vermehrte und dessen verkrachte Existenzen heute noch eine
Landplage sind. Durch all das erhielt auch die Bildung
von litterarischen Parteien, Cliquen und Koterien eine
neue und niedagewesene Förderung, es wurde immer
leichter, durch Presse und Partei alles niederzuhalten, tot-
zuschwatzen und totzuschweigen, was dem neuen Bildungs-
schwindel nicht paßte, dagegen alles, was nach dem Sinn
und Geschmack der Zeit war, aufs unverschämteste empor-
zuloben und sofort zur Klassicität zu verklären. Auch
wirkliche Talente wurden in verhängnisvoller Weise von
dem Wettrennen um den Tageserfolg mitgerissen, in Ueber-

produktion und Schnellproduktion verflacht. Und noch für
etwas wurde schon damals eine breitere Grundlage ge=
schaffen, was allerdings erst die nächsten Jahrzehnte be=
sonders zu beklagen fanden: eine bloße Litteratur von
Litteraten und für Litteraten, von der das Volk nichts
hat und will. Dabei darf auch eines nicht verschwiegen
werden, wovon zu reden freilich gerade damals als
bildungsunwürdige Roheit galt, daß nämlich der stark
industrielle Zug und die Neigung zum Feuilletonismus
in der Litteratur wesentlich mit dem Einfluß des jüdischen
Geistes zusammenhing, der zwar schon seit Heine in die
deutsche Litteratur eingezogen war, aber jetzt in Bildungs=
wesen und Litteraturbetrieb sich besonders stark nach vorne
drängte und zeitweilig zur förmlichen Herrschaft kam.

Endlich kam noch etwas dazu: Berlin war Reichs=
hauptstadt geworden, der politische Mittelpunkt des natio=
nalen Lebens; die Stadt wuchs mit großer Geschwindig=
keit zur Millionenstadt, nach Berlin drängten sich massen=
haft die verschiedensten Elemente, welche in irgend einer
Weise ihr Glück machen, zu Geld, Genuß, Ruhm, Ein=
fluß, Macht kommen wollten. So kam es nicht eben un=
erwartet, daß Berlin allmählich auch und mehr als früher
ein litterarisches Centrum wurde. Aber es wollte nicht
eines unter vielen bleiben, vielmehr wurde schon damals
ganz bewußt der Gedanke erörtert und verfolgt, Berlin
müsse fürderhin das eigentlich einzig tonangebende und
beherrschende Centrum Deutschlands auch für die Litteratur
werden, wie Paris in Frankreich litterarisches Centrum
ist. Man begann auf das übrige Deutschland nach fran=
zösischem Muster als auf bloße Provinz herabzusehen und
sich im Dünkel der Großstadt förmlich zu bornieren. Man

übersah, daß selbst für Frankreich, wo die Centralisierung
nach Paris naturgemäßer, weil in der ganzen Geschichte
und im Nationalcharakter begründet ist — die Identifi-
zierung von Frankreich und Paris, die ausschließliche Herrschaft der Pariser Litteratur durchaus nicht eitel Segen ist;
daß aber dem deutschen Geiste und den Lebensbedingungen
der deutschen Litteratur eine solche Centralisierung aufs
gründlichste widerspricht, daß schon deswegen — auch abgesehen vom besonderen Charakter der Großstadt Berlin
— mit Notwendigkeit einseitige und undeutsche Ver-
schiebungen und Mißbildungen dabei herauskommen
mußten. — Wie aus solchen ungesunden Kulturzuständen
eine neue und große nationale Poesie, die manche sofort
erwarteten, hätte kommen sollen, ist nicht abzusehen. Was
an bedeutender oder nur auch gesunder Poesie in den
siebziger Jahren und bis in die achtziger hinein zu Tage
trat, kam teils noch von den Dichtern der vergangenen
Jahrzehnte, soweit sie nicht dem neuen Geschmack Zugeständnisse machten, teils von wenigen neuen Talenten,
die sich unabhängig vom Zeitgeschmack hielten — und das
wurde entweder von der modischen Strömung ganz bei-
seite geschoben oder doch nur von einer gesund gebliebenen
Minderheit beachtet. Was dagegen wirklich eigentümliches
Produkt der Zeit war, aus ihrem Geiste entsprungen, von
dem kann man am Schlusse des Jahrhunderts ruhig sagen:
es ist fast ausnahmslos zwar rasch ins geile Kraut des
Tagesruhms und des breiten Modeerfolgs geschossen, ist
aber heute schon abgethan und in seiner ganzen Nichtig-
keit und Hohlheit offenbar.

Für den wahren Geist jener Zeit war nichts charakteristischer, als daß der tonangebende Kritiker, auf den

alles hörte, der von Berlin aus eine Art Diktatur des
litterarischen Geschmackes übte, der auch als Dramatiker
und Romanschreiber sich großen Erfolges zu erfreuen hatte
— kein anderer war als Paul Lindau, der Mann mit
dem jüdisch=französischen Feuilletonesprit und dem kecken
pietätslosen Witz, der Mann der beweglichen und doch
armen Technik und unerschrockenen Mache, der seinen
Witterung für alles, was den Erfolg des Tages verbürgen
konnte, aber ohne jede Tiefe, ohne eigentlich produktives
Talent, auch ästhetisch=kritisch ohne festes Rückgrat. Der
Geist, den er vertrat, war nicht mehr als der Geist des
Feuilletonismus, ein Gemisch aus heinisierendem Witz
und Pariser Plauderton, aus buntscheckiger Vielwisserei
und oberflächlichem Spiel mit immer neuen Problemen,
aus angenehm prickelnder Frivolität und gelegentlicher
Moralphilisterei — jene litterarische Schwerenöterei, die
nichts ernst und tief nimmt, aber alles pikant und amüsant
zu machen versteht, nie ein Ganzes giebt und aus dem
Vollen schöpft, aber tausend Brocken und bunte Fetzen
zum Vergnügen einer flachen Bildung umherstreut. In
diesem Geiste wetteiferten mit Lindau, teils in der Kritik
teils namentlich im Drama, Leute wie Oskar Blumen=
thal und Hugo Lubliner. Für das Drama hatten
sie bei Franzosen wie Augier oder Sardou die Technik
gelernt, Motive und Figuren geholt, die nur unter den
Voraussetzungen der französischen Kultur und Welt=
anschauung eine gewisse Wahrheit haben konnten, nun
aber ohne weiteres in ein angeblich deutsches Schauspiel
verpflanzt wurden — mit Zugeständnissen an den deutschen
Philister natürlich, der immer noch höchst moralisch sein
will, auch wenn er sich durchs Frivole kitzeln läßt. Rüh=

rung und Sentimentalität auch in der gröbsten Sensations=
macherei verlangt. Aller tragische Ernst vollends blieb
diesen Schauspielen völlig fern, und ihnen würdig zur
Seite trat das bühnenbeherrschende Lustspiel jener Zeit,
mit dem die Moser, Schönthan, Blumenthal,
Kadelburg, und wie sie alle hießen, meist in geschäfts=
mäßiger Compagniearbeit den Bildungsphilister ver=
gnügten. Was war doch so um die Mitte des Jahr=
hunderts der alte Roderich Benedix für ein ehrlicher
liebenswürdiger Philister, Eduard von Bauernfeld
für ein feiner Komiker gewesen — obwohl beide mehr
der Bühne als der Poesie dienten — wie viel naive
Poesie hatte früher Ferdinand Raimund in seinen
Wiener Zauberpossen gegeben, gegenüber diesem neuen
Berliner Philisterlustspiel! Mangel an jeglichem Hori=
zont und tieferen Gehalt, bare Poesielosigkeit und ein=
gestandene litterarische Wertlosigkeit, skrupellos lecke aber
lotterige und oberflächliche Mache, breite sogenannte
Situationskomik und öde Possenmacherei, humorloses
schnodderiges Gewitzel; dabei eine namhafte Dosis Ge=
mütsroheit, ein schwächlich friboles Spiel mit sittlichen
Begriffen, oft eine absichtliche aber feige Lüsternheit und
Liederlichkeit, unter allen Umständen ein unbedenklicher
Appell an die gedankenlose Unterhaltungssucht: das war
der Grundcharakter dieser Bühnenfabrikate. Nur selten
fand sich ein Zug von Gemüt und Humor, selten ein Zug
von wirklichem dramatischem Leben. Adolf L'Arronge
schien eine Zeit lang in possenartigen Volksstücken einen
tieferen Ton anschlagen zu wollen, aber auch er ver=
flachte sehr rasch wie mancher andere, der einmal vom
Erfolg des Tages genossen hatte. Diese ganze Bühnen=

litteratur war so recht im Geiste des tonangebenden Ber=
liner Protzentums der siebziger Jahre, und daß sie bis
zum Ende des Jahrhunderts sich halten und, hundertmal
von der ernsthafteren Kritik totgeschlagen, immer neu auf=
stehen konnte, zeigt, wie tief jene Entartung in die ge=
bildeten Schichten sich eingefressen hat.

Aber auch auf anderen Gebieten der poetischen Lit=
teratur sah es in den siebziger Jahren nicht viel erbau=
licher aus. Auch im Roman war der herrschende Tages=
geschmack nicht viel besser, obwohl er hier ein sehr ernst=
haftes Gesicht aufsetzte. Hier kam nämlich vorzugsweise
jener Bildungsdünkel zu Tage, jene oberflächliche Wissens=
und Belehrungswut, jene kritiklose Altertümelei, jene dilet=
tantische Vorliebe fürs Historisch=Archäologische. Das war
der Boden, auf dem der sogenannte „Professorenroman"
gedieh, der eigentlich keinem künstlerischen Bedürfnis sein
Dasein verdankt sondern dem Belehrungsbedürfnis des
Publikums oder dem Bedürfnis eines Gelehrten, sich über
die Ergebnisse seiner Wissenschaft vor einem weiteren
Publikum in angenehmer Form auszusprechen; hierzu
bietet sich der Roman als die bequemste und beim Lese=
publikum beliebteste Form, da man ja noch kein Dichter
zu sein braucht, um einen lesbaren und interessanten Ro=
man zu verfassen und in dieser Form irgendwelches ge=
lehrte Wissensmaterial leicht und unterhaltend einem
Publikum einzugeben, das ernsthafte Studien zu machen
nicht geneigt oder nicht in der Lage ist, aber doch gern
von allem wissen möchte, was man gerade zur Bildung
rechnet. Der leuchtende Typus dieser modischen Roman=
schreiberei, der mit Pauken und Trompeten den Riesen=
erfolg des Jahrzehnts feierte, war Georg Ebers. Er

war eines jener kleinen Talente, die, wenn sie von einer
Zeitströmung getragen werden, keinen Augenblick an ihrer
großen Bedeutung zweifeln, in der Richtung, in der sie
Mode geworden sind, eifrigst drauflosproduzieren, auf
jeden Weihnachtstisch ihre schöngebundenen Sachen legen
und gar nicht merken, wie sehr dabei auch die beschränkte
produktive Begabung verflacht, die sie von Hause aus
etwa besessen haben. Seine ägyptologischen und sonstwie
altertümelnden Romane entsprachen gut jenen Kostüm-
und Dekorationsbildern, die man etwa um dieselbe Zeit
für Historienmalerei ausgab. Nur in dem Roman „Homo
sum" schien sich Ebers einigermaßen über seine Linie
heben zu wollen, aber es blieb nur ein vereinzelter Versuch. Mehr specifisch poetisches Talent als bei Ebers fand
sich bei Felix Dahn, dem sein „Kampf um Rom" 1876
in die Gunst des Lesepublikums half. Vorher hatte er mit
Lyrik, mit einer kleineren epischen Dichtung „Harald und
Theano" und namentlich mit Balladen sich als einen
Dichter ausgewiesen, den man etwa zum Durchschnitt der
Geibel'schen Richtung hätte rechnen können; dann aber
erzielte er hauptsächlich durch die germanistisch-historische
Erzählung größeren oder kleineren Umfangs seine Erfolge. In einigen Werken wie „Odhins Trost" und „Sind
Götter" versuchte er etwas tiefer in die altgermanische
Weltanschauung hinunterzugreifen, im übrigen aber hielt
er sich doch ziemlich auf der Oberfläche, blieb der Pose
nie ganz fern und geriet, als er einmal Mode geworden
war, in die Vielschreiberei. Trotzdem darf man es als
ein gewisses Verdienst Dahns betrachten, daß er das
Interesse und die Phantasie des Durchschnittslesers, statt
wie Ebers nach Aegypten und Syrien, auf die deutsche

Urgeschichte und Mythologie gelenkt hat. — Auf den
Wegen von Ebers und Dahn wandelten mit mehr oder
weniger Talent und Geist noch eine Reihe von mehr oder
weniger bekannten Romanschreibern; poetisch betrachtet
trug aber die ganze Gattung dieses Romans den Stempel
des Kurzatmigen und Kurzlebigen, der Konzession an die
dilettantischen Liebhabereien der Zeitbildung. An den
poetischen Wert von Scheffels „Ekkehard", der zum un=
freiwilligen Vorläufer dieser Gattung geworden war, reichte
keiner jener Romane hin. Auch Scheffels „Trompeter"
zog nun eine Reihe von Nachahmungen hinter sich drein,
jenes lyrisch verbrämte epische Ding, das man „Sang",
„Märe" oder dergleichen nannte, das auf lang hinein
den Tummelplatz des Dilettantismus abgab und seiner
Natur gemäß nur dann etwas Rechtes werden kann, wenn
eine originale und bedeutende Persönlichkeit wie etwa
Scheffel dahinter steht. Eine solche Persönlichkeit war
aber der modeberühmteste Vertreter dieser Poesie nicht,
der gefeierte Liebling derselben Kreise, die im Roman
für Ebers schwärmten — Julius Wolff, der Dichter
des „Till Eulenspiegel", des „Rattenfängers", des „Wil=
den Jägers" u. s. w. Zwar fehlt es Wolff nicht an einem
gewissen Maß von formal poetischem Talent, das ihm
zur Kriegszeit einige bessere Gedichte wie „Die Fahne
der Einundsechziger" gelingen ließ, er besitzt Versgewandt=
heit und weiß einen lyrisch sangbaren, manchmal volks=
tümlichen Ton anzuschlagen; und die Wahl seiner Stoffe
wäre an sich nicht ungeschickt und hat jedenfalls zu seiner
Beliebtheit mit beigetragen. Aber sowie man bei ihm
tiefer schaut, erweist sich sein formales Talent eben als
sehr formal, sein geistiger Gehalt an Poesie als dünn

und arm, von bloßer Schilderung und Beschreibung überwuchert, das scheinbar Volkstümliche häufig als gemacht
und gesucht; auch bei ihm ist mehr archäologisch drapiertes
Kostüm als wirkliches Leben von menschlichem Fleisch und
Blut. Aber solch poetische Nippsachen paßten damals zu
den vom Tapezier hingestellten Zimmern im gotischen
oder Renaissancegeschmack, die immer weniger von dem
Innern und Persönlichen der Bewohner verrieten. — Die
eigentliche Lyrik sodann, soweit sie nicht als bloße Ver-
brämung archäologischer Epen auftrat, als „Butzenscheibenlyrik", wie sie Paul Heyse genannt hat, begegnete in den
siebziger Jahren geradezu der Verachtung. Zwar schossen
unter den massenhaften Zeitschriften damals auch die
„Dichterheime", „Dichterhallen", oder wie sie hießen, stark
empor, aber das waren fast ausschließlich die Tanzböden
des lyrischen Dilettantismus, der ja keiner Zeit fehlt.
Die wenigen wirklichen Lyriker, die damals abseits vom
Tagesgeschmack ihrem persönlich wahren Erleben poetischen
Ausdruck gaben, hatten unter völliger Nichtachtung, ja
gelegentlich ausgesprochener Verachtung zu leiden; sie bekamen keine Fühlung mit der Zeit und zogen sich teilweise verstimmt zurück. Zur Schätzung der Lyrik bedarf's
eben einer Innerlichkeit, die jener veräußerlichten Zeit
allzusehr fehlte; man verlangte nach möglichst stofflichen
Aufregungen und äußerlichen Effekten — und sie bot
eben die „Butzenscheibenlyrik" auch noch, als sie sich von
den epischen Goldschnittbüchlein loslöste, wie bei Rudolf
Baumbach. Sein angeborenes Talent ist kräftiger, sach-
licher, in mancher Beziehung gesunder als das Wolffs,
auch seine kleinen Epen darf man um eine Stufe höher
stellen. Aber in seiner Lyrik, die ihm hauptsächlich seinen

Ruhm und seine Popularität verschafft hat, kommt er
ähnlich wie Wolff dem archäologisierenden Bildungs-
geschmack entgegen; auf seinen zwei Sammlungen von
„Liedern eines fahrenden Gesellen" beruht recht eigentlich
seine Beliebtheit. Auch da findet sich jene Scheffel ab-
gelauschte Art: der Dichter spricht Gefühle und Stimmungen nicht selbst aus, sondern legt sie einem jener
fahrenden Leute aus früheren Jahrhunderten in den Mund,
deren lockeres, lustiges Wanderleben so recht geeignet
scheint, einer lustigen, wein-, lied-, liebes- und wander-
fröhlichen Stimmung zum Ausgangspunkt und Hintergrund zu dienen. Was dabei gelegentlich namentlich an
humoristischen Werten herauskommen kann, hat eben
Scheffel gezeigt, und auch einige Baumbach'sche Lieder
dieser Art mag man sich ja zur Abwechslung gerne gefallen lassen. Wenn aber dergleichen zur nachgeahmten
Manier wird, so ist doch bald die Unwahrheit da.

So stand es also auf allen Gebieten der Poesie jener
Zeit so ziemlich gleich; auf allen war die Ausbeute an
bleibenden poetischen Werten gering genug — soweit eben
das in Betracht kommt, was der Zeit eigentümlich und
gemäß war. Andere Erscheinungen wurden totgeschwiegen
oder totgelärmt und kamen im besten Fall erst zur Geltung,
als das Hochwasser der Zeit verlaufen war. Zu diesen gehörte in erster Linie einer der wenigen bedeutenden Dramatiker, die das letzte Drittel des Jahrhunderts überhaupt hervorgebracht hat, dessen wichtigste Werke meist
aus den siebziger Jahren stammen, aber damals noch so
gut wie keine Würdigung fanden. Es ist der 1839 geborene und 1889 gestorbene Wiener Ludwig Anzengruber. Anzengruber hat in den siebziger Jahren, als

man sich um seine Dramen nicht viel kümmern wollte,
und später noch, auch Erzählungen und Romane geschrieben, in denen er das Leben des österreichischen Volkes
mit viel Echtheit und Treue, mit scharfer Charakterisierungskunst darstellte, wenn auch nicht ohne Tendenz und
manches bloß Reflektierte; er war auch nicht ohne lyrische
Begabung, aber der Schwerpunkt seines Talents und seiner
poetischen Leistungen liegt doch im Drama. „Volksstücke"
können Anzengrubers Dramen insofern heißen, als er seine
Stoffe vorzugsweise dem Leben des Volks im engeren
Sinne entnimmt, sich vielfach des Dialekts bedient, seine
Stücke teilweise „mit Gesang" ausstattet, auch eine gewisse
Neigung zum Theatralischen nicht verleugnen kann. Aber
das ist doch nicht das Wesentliche an seinen Dramen, vielmehr nur ihre Besonderheit, die freilich auch wieder besondere Reize mitbringt. Wesentlich ist vielmehr, daß
Anzengruber ein geborener Dramatiker war, der seine
Konflikte mit Sicherheit aus den Tiefen des menschlichen
Lebenswillens heraufzuholen wußte und eben dadurch seinen
scheinbar beschränkten Stoffen und Formen ins Weite
half. Anzengruber senkt all seine ausschlaggebenden Konflikte in den sicheren Grund des Gewissens hinunter; mag
dieses noch so einfach, ja roh sich äußern, mag es in den
beschränktesten religiösen Formen sich selbst zum Bewußtsein kommen: es ist das unverborgene ethische Lebens-
gesetz im Menschen, das sich in seinem Willen und seinem
Geschick zur Geltung bringt, aus aller Beschränkung und
Verdunkelung sich immer wieder zur Freiheit herausringt,
tragisch oder komisch, jedenfalls aber auf dem Wege wirklich dramatischer Konflikte. In der wirren Auflösung der
sittlichen Begriffe, in der krankhaften Sucht nach Um-

wertung der ethischen Werte, die sich im letzten Vierteljahrhundert immer aufdringlicher in der Litteratur breit
gemacht hat, wirkt die gesunde ethische Sicherheit, der
kraftvolle Gewissenernst Anzengrubers in seiner schlichten
Natürlichkeit und natürlichen Weitsichtigkeit ebenso erfreulich, wie seine dramatische Sicherheit und seine im guten
Sinn volkstümliche dramatische Technik angenehm absticht
von all dem unsichern Experimentieren, in dem unser
modernstes Drama herumgetastet und sich abgehastet hat.
Ueberdies gehört auch Anzengruber als Dramatiker und
als Erzähler noch zu jenen älteren deutschen Dichtern, die
einen gesunden, wenn auch bis zum Naturalismus vor-
schreitenden Realismus längst als persönlichen poetischen
Besitz hatten, ehe man durch Anlehen bei Franzosen, Russen
und Skandinaviern eine Theorie des Realismus und Naturalismus zusammenscharrte, nach der von nun an alle
Poesie gemacht werden sollte. Als man freilich den naturalistischen Zug bei Anzengruber allmählich merkte, namentlich in seinem „vierten Gebot", da stürzte man sich
mit Eifer auf ihn und hob ihn in einer übertriebenen
Weise auf den Schild, die schon wieder den Widerspruch
herauszufordern beginnt; und dem gegenüber muß zu-
gegeben werden, daß durchaus nicht alle Dramen Anzengrubers gleichwertig sind, daß sogar gründlich mißlungene
drunter sind. Aber wenn bei einer scharfen kritischen
Sichtung nur die Dramen „Der Pfarrer von Kirchfeld",
„Der Meineidbauer", „Die Kreuzelschreiber", „Der
G'wissenswurm" und etwa noch „Das vierte Gebot" übrig
blieben, so könnten schon diese fünf genügen, Anzengruber
seinen Platz in der ersten Reihe der neueren Dramatiker
anzuweisen. „Die Kreuzelschreiber" und „Der G'wissens-

wurm" sind in aller Beschränkung ihrer Stoffwelt wirk=
liche Komödien, ein wahres Labsal in all dem Elend des
modernen Philisterlustspiels. Ihre Konflikte sind im letzten
Grunde sehr ernst, sind eben Gewissenskonflikte und reichen
damit über die bäuerlichen Lebenskreise hinaus, in denen
sie sich vollziehen; aber sie werden nicht tragisch ange=
faßt und ausgetragen sondern komisch, ihr innerer Wider=
spruch führt nicht zur leidvollen Lebenszerstörung son=
dern zur heiteren Befreiung vom Leiden. In den „Kreuzel=
schreibern" ist es die von pfäffischer Herrschsucht auferlegte
Verkehrung der natürlichen und sittlichen Lebensverhält=
nisse in Ehe und Familie, was sich in seiner ganzen Heil=
losigkeit offenbart. aber zugleich auch in seinem komischen
inneren Widerspruch, und dessen anschaulich gezogene Kon=
sequenzen lösen den Konflikt noch zur rechten Zeit. Auch
im „G'wissenswurm" handelt sich's um eine Verwirrung
des Gewissens durch religiöse Motive, und die heitere Be=
freiung aus den Widersprüchen erfolgt durch die anschau=
liche Vorführung der heilenden und sühnenden Kraft, die
das Leben selbst in sich trägt, wenn nur der sittliche Wille
des Schuldigen aus seiner bequemen Erschlaffung sich auf=
zuraffen vermag. Verwandte Probleme werden im „Pfarrer
von Kirchfeld" und im „Meineidbauer" tragisch angefaßt;
in dem ersten dieser Dramen, mit dem Anzengruber über=
haupt zuerst auftrat, ist freilich das Tragische noch einiger=
maßen mit Rührung durchsetzt, auch tritt die Tendenz
etwas zu deutlich hervor; aber der tragische Widerspruch
in dem Leiden des Pfarrers ist insofern doch echt, als
selbst der höchste Aufwand an ethischer Entsagungskraft
die Lebenszerstörung nicht aufhalten kann, die für ihn
aus der (vom Wurzelsepp scharf erkannten) unlöslichen

Verbindung zwischen Mensch und Priesterkleid kommt.
Noch überzeugender und objektiver hingestellt ist die tragische Konsequenz, mit der der „Meineidbauer" an sich
selbst zerbricht, weil seine bäuerlich trotzige Kraftnatur
ihm so wenig wie einem Macbeth seine Herrennatur — gestattet, auf die Früchte seines Verbrechens zu verzichten,
so furchtbar er darunter leidet; und was in dieser Bauern-
tragödie an theatralischen Effekten zu viel gethan wird,
das wird reichlich aufgewogen durch die sichere und tief-
bohrende bäuerliche Psychologie und Gewissenssophistik, mit
der der Charakter des Meineidbauern sich entfaltet. Das
ist das Gesunde in diesen Tragödien und Komödien, wie
man sie doch wohl, trotz manchen Widerspruchs, nennen
darf, daß es wirklich kraftvolles Leben ist, was da leidet
und kämpft und entweder der unvermeidlichen Lebenszerstörung verfällt oder durch die komische Auflösung der
Widersprüche gerettet wird. Nicht mehr der Fall ist das
im „vierten Gebot": hier ist schon großstädtisch ange-
faultes und zerfressenes Leben, das deswegen nicht mehr
tragisch wirken kann, weil es unrettbar verlumpt ist und
daher höchstens traurig stimmen kann. So hoch man deswegen die sichere und ungezwungene Lebensdarstellung
veranschlagen mag, die Anzengruber auch in diesem, dramatisch übrigens sehr locker gebauten Drama bewährt hat,
so ist es doch keine Tragödie und steht nicht mehr auf
der Höhe des „Meineidbauern". Andererseits ist es aber
sehr begreiflich, wie trotzdem und gerade deswegen die
moderne naturalistische Richtung dahin kommen konnte,
gerade dieses Anzengruber'sche Drama am höchsten zu
stellen und über Gebühr zu preisen; daß Anzengrub-
auch in dieser Richtung schon lange vor dem Aufkom

des „konsequenten" Naturalismus so viel oder mehr konnte
als seine gerühmtesten Vertreter, zeigt allerdings das
„vierte Gebot". — Zusammen mit Anzengruber pflegt man
den 1843 geborenen Steiermärker P. K. Rosegger zu
nennen, aber auch hier wieder, wie so häufig bei der-
artigen Zusammenstellungen, geht das Gemeinsame nicht
sehr tief. Rosegger ist mehr als Anzengruber in die Mode
gekommen, und dazu hat auch beigetragen, daß in unserer
alles biographisch Interessante durchstöbernden Zeit das
Publikum rechtzeitig genug mit dem Lebens- und Entwickelungsgang dieses liebenswürdigen und gesunden Dichters und Erzählers bekannt gemacht wurde. Auch er ist
von den siebziger Jahren an abseits vom Modestrom
aufgekommen, eine Reihe seiner Werke stammen freilich
erst aus den achtziger oder neunziger Jahren; auch er
wurzelt wie Anzengruber im gesunden Heimatboden und
hat sich dadurch auch in ungesunder Zeit gesund erhalten.
Aber im übrigen kann er schon deswegen nicht mit Anzengruber verglichen werden, weil er kein Dramatiker ist;
und es geht bei ihm auch nicht so in die Tiefe wie bei
Anzengruber. Mit der angeborenen Poetenkraft hält bei
Rosegger die Fähigkeit künstlerischer Aus- und Durch-
gestaltung doch nicht gleichen Schritt, und das poetisch
Gesunde und volkstümlich Echte ist nicht immer genug
verbunden mit eindringender Bewältigung der gestellten
Lebensfragen; auch überschätzt er zuweilen mit einer bei
seinem autodidaktischen Entwicklungsgang und seiner verhältnismäßig raschen Berühmtheit begreiflichen ehrlichen
Naivetät die Wichtigkeit dessen, was er bringt, begnügt
sich leicht damit, daß er's bringt, ohne genug nach dem
ünstlerischen Wie zu fragen oder nach der tieferen Be-

deutung, die das auch für andere haben mag, was ihm
interessant ist. Und so hat er im Grund auch etwas zu
viel geschrieben. Aber mit einem wirklichen Dichterauge
ist er doch auf die Welt gekommen und mit ihm schaut
er auch in die Welt, nicht mit dem büchernen Verstand;
das Meiste und jedenfalls das Beste, was er giebt, kommt
aus seinem Innern, aus eigenem Erleben und Schauen,
aus einer fortschreitenden Vertiefung seines Gemüts= und
Geisteslebens, aus einer innerlich wahren Persönlichkeit,
die von der oberflächlichen Bildung des Tages, dem un=
gesunden, vielgeschäftigen Treiben des modernen Litte=
ratentums höchstens zeitweilig etwas beirrt, aber nicht
krank gemacht werden konnte. Die breiteste Wirkung unter
seinen Werken haben neben seinem etwas locker kompo=
nierten größeren Erstlingswerk von 1875 „Die Schriften
des Waldschulmeisters" seine vielen kleineren Erzählungen
und Skizzen gethan. Das Schwächste, was er an größeren
Werken geschrieben hat, ist wohl sein Roman „Martin,
der Mann" — am tiefsten geht er in seinem „Gott=
sucher": so viel ungelöste Fragen da übrig bleiben mögen,
für deren Bewältigung Roseggers philosophische Kraft
nicht ausreicht, es geht doch ein Zug ins Große durch
diese religiöse Problemdichtung und in der Tiefe grollt
etwas von echt germanischem Bauern= und Heidentrotz.

Unter den Dichtern, welche vom wüsten Markt der
siebziger Jahre von vornherein in den Winkel geschoben
wurden und dann später unter dem Lärm der „Jungen"
als „Alte" nicht mehr recht zum Wort kommen konnten,
ist einer der originellsten aber am wenigsten bekannten
der schwäbische Lyriker und Humorist Eduard Paulus,
1837 in Stuttgart geboren, als Altertumsforscher weit

bekannt. In irgendwelcher litterarhistorischen Rubrik läßt
er sich nicht unterbringen; als Dichter ist er in Ernst und
Humor ausschließlich Lyriker, und zwar von jener ursprünglichen Art, die nicht reflektiert aufs Dichten aus-
geht sondern gar nicht anders kann, als von dem ganzen
inneren Leben fortwährend sich lyrische Rechenschaft zu
geben. Daß dabei nicht jedes lyrische Gedicht gleichwertig
ausfällt, versteht sich — es kommt darauf an, wie tief
gerade die inneren Quellen springen. Ein bis zur Lebensverneinung gehender schwermütiger und schwerblütiger
Ernst der Weltauffassung mischt sich in diesem Schwaben
mit der naiv freudigen Lebensbejahung eines guten Gemütes in einer Weise, die notwendig den Humor erzeugen
muß. Dieser hat bei Paulus, ähnlich wie bei Mörike und
Friedrich Vischer, oft etwas specifisch Schwäbisches an sich,
das man außerhalb Schwabens nicht sofort versteht, ist
oft geradewegs schwäbisch eigensinnig; und wer diese Art
noch nicht kennt, weiß zuweilen im ersten Augenblick nicht,
was Ernst oder Spaß ist, versteht namentlich das humoristische Sich-dumm-stellen des Schwaben nicht, nimmt etwa
auch einen Ausdruck ernsthaft für banal und abgegriffen,
der mit humoristischer Absicht sich trivial giebt. Daß dies
meist nur Spaß ist, merkt man bald, sowie man in den
ernsten Gedichten von Paulus die Originalität des bild-
lichen Ausdrucks wahrnimmt, welche die Stimmungen der
poetisch beseelten Natur mit den Spuren der Geschichte
und Kulturgeschichte und namentlich mit den Eindrücken
von Kunst und Altertum in Eins zu arbeiten weiß. So
gutmütig und harmlos närrisch sein Humor sein kann,
so wird er doch auch nicht selten zur grimmigen Satire,
namentlich wenn der Zorn des Patrioten gegen die Miß-

bildungen und Fälschungen deutschen Wesens sich regt und
rücksichtslos drauffchlägt; daß Paulus sich damit keine
Freunde unter den litterarischen Modegeistern schaffen
konnte, ist freilich verständlich. Seine „Gesammelten Dich=
tungen" sind 1892 erschienen, es sind ihnen aber bis auf
die neueste Zeit noch einzelne Dichtungen nachgefolgt, die
keine Abnahme seiner poetischen Kraft, vielfach sogar eine
erhöhte Reife des Gehaltes und der Form zeigen. Nicht
minder originell als Paulus ist der schwäbische Bauer
Christian Wagner, 1835 geboren, keineswegs ein so=
genannter Naturdichter, vielmehr ein ganz aus dem Hei=
matboden gewachsenes, bild= und sprachkräftiges lyrisches
Talent, das gewisse ihm innerlich wahlverwandte Bildungs=
elemente in sich aufgenommen und sie mit der Natur=
andacht und der religiös=philosophischen Grübelei des
Schwaben einzigartig verarbeitet und verbunden hat. —
Daß Dichter wie Eduard Paulus und andere, die sich von
der Entartung der siebziger Jahre frei gehalten hatten, auch
in den beiden letzten Jahrzehnten des Jahrhunderts nicht
oder nur schwer zu einiger Geltung kommen konnten, lag
nicht nur an etwaigen individuellen Ursachen, die ja da=
bei immer mitspielen. Es sind vielmehr manche sozusagen
zwischen zwei Stühlen niedergesessen, bis auf weiteres
wenigstens, weil sie weder dem Modegeschmack jener Zeit
genehm sein konnten noch auch später, von der Mitte der
achtziger Jahre an, sich der neuen Zeitrichtung anbe=
quemen konnten, welche sich rasch der Litteratur bemächtigte
und sich als „die Moderne" fast ausschließlich das Wort
zu verschaffen wußte.

Sechster Abschnitt.

„Die Moderne.“

Gegen die Mitte der achtziger Jahre waren die allgemeinen Stimmungen im geistigen Leben der Nation allmählich ziemlich anders geworden, als sie zehn Jahre vorher gewesen waren. Gehäufte Schwierigkeiten und Verdrießlichkeiten in der inneren politischen Weiterentwickelung des Deutschen Reiches, zunehmende Verbissenheit und Verbohrtheit eines überlebten Parteitreibens, zeitweiliger Niedergang des wirtschaftlichen Lebens trugen das Ihrige dazu bei, eine verdrießlich pessimistische Stimmung zu erzeugen, die von dem mit verhängten Zügeln einherjagenden Optimismus der siebziger Jahre wunderlich abstach. Theoretisch war freilich eine pessimistische Strömung schon früher zu bemerken gewesen; der Pessimismus als philosophisches System hatte zwar bei Lebzeiten Schopenhauers, der 1860 starb, noch wenig Beachtung gefunden, jetzt aber hatte er durch Eduard von Hartmann und andere eine neue Auflage erhalten und war allmählich Modephilosophie geworden. Doch war die theoretische Lebensverneinung noch eine Zeit lang ganz gemütlich neben thatsächlichem Lebensgenuß und materialistischer Lebensausnützung hergegangen; in den achtziger Jahren dagegen begann die Theorie auch praktisch zu werden, wenigstens in Form einer weitverbreiteten Lebensstimmung, einer weltverneinenden Laune, die überall alles nur schwarz, überall vorzugsweise das Schlechte und Gemeine zu sehen geneigt war und mit Vorliebe den Finger darauf legte. Derartige Stim-

mungen wurden verstärkt durch das immer mächtigere
Umsichgreifen der Socialdemokratie und ihrer Lehren;
die grundsätzliche Verneinung der bestehenden Gesellschafts=
ordnung, die bewußte und absichtliche Schürung der
Unzufriedenheit, die kolossalen Uebertreibungen des
wirklich vorhandenen Elends, der immer wilder auf=
lodernde Klassenhaß, auch das von ferne auftauchende
Gespenst eines großen Umsturzes — das und dergleichen
förderte in weiten Kreisen, weit über die von der Be=
wegung zunächst ergriffene Lohnarbeiterschaft hinaus,
einen Stimmungszustand, der Unruhe und Unbehaglich=
keit, der Verdrießlichkeit und Unzufriedenheit. Und einen
besonderen Stachel erhielten derartige Stimmungen noch
durch den aus dem vorhergegangenen Jahrzehnte herüber=
wirkenden Geist maßloser Begehrlichkeit. Aus solchen
Katzenjammerstimmungen nach dem vorhergegangenen
Rausche erklären sich nicht nur die litterarischen Er=
scheinungen, welche direkt den Geist einer verdrossenen
und lebensmüden Resignation atmen, gelegentlich ver=
bunden mit einem verzweifelten Lechzen nach Genuß —
aus diesen Stimmungen ist dann indirekt auch das ge=
kommen, was von der zweiten Hälfte jenes Jahrzehnts
an als eine neue Litteratur sich ankündigte. Denn unter
solchen Stimmungen und Einflüssen war allmählich ein
noch sehr junges Geschlecht erwachsen, das die deutschen
Zustände vor 1870 nicht mehr aus Erfahrung kannte,
auch den Krieg und seine nationale Erregung und Er=
hebung wenigstens nicht mit reifem Bewußtsein erlebt
hatte, ein Geschlecht, das vom Leben der Nation nur
die *gegenwärtigen* Früchte kannte aber nicht den Baum,
auf dem sie gewachsen waren. Dieses Geschlecht hatte

gerade in den unseligen siebziger Jahren mit ihren An=
sprüchen und Begehrlichkeiten, mit ihrer protzigen Flach=
heit seine Jugendeindrücke bekommen und sah sich nun
mit eben erwachtem Bewußtsein hineingestellt in eine
Zeit des Katzenjammers und der pessimistischen Welt=
betrachtung — hineingestellt einerseits mit allem Be=
gehren der Jugend nach Leben, Genuß und That und
doch andererseits schon angekränkelt von den Einflüssen
einer entarteten Zeit, von Frühreife und Ueberreife, zum
Teil geradezu von großstädtischer Fäulnis und Natur=
losigkeit. Und es sah sich umbrandet von der großen
socialen Flut, hörte die Lehre, daß die socialen Inter=
essen die wichtigsten oder gar einzig wichtigen seien,
daß Massenelend und Klassenkampf die treibenden Kräfte
der Geschichte seien, und was dergleichen war. Dieses
Geschlecht war jetzt herangewachsen, stand an der Pforte
des Mannesalters, am Eintritt ins Leben und Wirken,
auch am Eintritt in die Litteratur — und aus diesem
Geschlecht kamen die ersten Verkündiger einer angeblich
neuen Litteratur, einer sogenannten „Litteraturrevolu=
tion“, die sich dann zu dem auswuchs, was man später
„die Moderne“ schlechtweg genannt hat.

Jene pessimistischen Launen sprachen sich hauptsächlich
lyrisch aus, ließen aber auch in Drama und Roman
ihre Spuren. Es waren noch nicht die Jüngsten, welche
sich zuerst auf diesen Ton stimmten; schon am Ende
der sechziger und in den siebziger Jahren war etwas
davon erklungen, zum Beispiel in Eduard Griese=
bach's Tannhäuserdichtungen, deren Sinnlichkeit den
Katzenjammer schon vorwegnahm; dann wurde der Ton
weitergegeben von Lyrikern, wie Hieronymus Lorm,

Dranmor, Ada-Christen und anderen meist mitt=
leren Begabungen. Im ganzen handelte sich's da um
eine Lyrik, die formell manches Schöne brachte, wenn
auch nicht viel, was über die subjektiven Stimmungen der
Dichter oder die Zeitstimmung hinaus von Bedeutung
wäre. Dem Gehalt nach zeigte sich in dieser Art von
Poesie eben jene Mischung von zuweilen geistvoller
Lebensmüdigkeit und schwüler Sinnlichkeit, von Lebens=
verneinung und haftigem Lebens= und Genußbegehren;
es war etwas dabei von dem ans Blasierte streifenden
vornehmen Kultus des eigenen Ichs als des Daseins=
mittelpunktes, etwas Romantik stak noch darin, etwas
Lord Byron vielleicht und sehr viel Nachklang von Heine,
man nahm gelegentlich eine Faustpose an und schillerte
wieder nach Don Juan hinüber — der Eindruck eines
gewissen Kokettierens mit Lebensmüdigkeit und Weltleid
ließ sich nicht immer abweisen. Aus der Lyrik ins
Drama und in den Roman übersetzt, mit Verwesungs=
raffinement und Schauersensation durchsetzt, siech und
matt scherbenhaft und doch auf Knalleffekte ar=
beitend trat dieser Pessimismus bei Richard Voß auf.
Ein dem allem verwandter Zug zeigte sich aber zeit=
weilig auch bei zwei gleichalterigen Dichtern von nieder=
deutscher Abstammung, die nach Oberdeutschland ver=
schlagen wurden, Adolf Wilbrandt und Wilhelm
Jensen, beide 1837 geboren. Ihre poetische Thätig=
keit gehörte zum guten Teil schon den siebziger, ja dem
Ende der sechziger Jahre an, ihre Persönlichkeiten hatten
aber eigentlich nichts mit dem optimistischen Schwindel
jener Zeit zu thun; es war noch etwas von der Art
der jüngeren Münchener in ihnen und doch wieder etwas,

was nach den beginnenden Erkrankungen der Zeit hin=
überwies — bei Wilbrandt, namentlich in seinen Römer=
dramen, etwas von Hamerling; in Jensens Romanen, auch
in seiner Lyrik — wohl eine gewisse Verwandtschaft mit
seinem Landsmann Storm aber ohne dessen Lebens=
gesundheit und künstlerische Geschlossenheit. Und dann
doch ein starker Hang zum Pessimismus, der in den
achtziger Jahren bei beiden noch stärker heraustrat, bei
Wilbrandt später, etwa von seinem „Meister von Pal=
myra" an allmählich überwunden zu sein schien. Beide
sind im übrigen Erscheinungen, die man erst aus weiterer
zeitlicher Entfernung wird sehen müssen, um ihnen ganz
gerecht zu werden, die aber auch so für eine wirre Ueber=
gangszeit bezeichnend sind.

Bezeichnend war aber auch, daß gerade am An=
fang der achtziger Jahre der Sieg Richard Wagners
im Zeitbewußtsein entschieden war. Das Jahr 1882
brachte die Parsifalaufführung in Bayreuth, im Jahre
darauf starb Richard Wagner, seine unbedingten An=
hänger aber glaubten, nun sei die Kunst und Poesie
der Zukunft begründet, Richard Wagner bedeute in dieser
Hinsicht etwa dasselbe, was Bismarck für das politische
nationale Leben der Nation bedeutet. Aber man braucht
nicht zu den wütenden Gegnern Wagners zu zählen, um
den Irrtum einzusehen, der in dieser Auffassung steckte
und steckt und sich wohl schon noch einige Zeit halten wird;
man kann die Bedeutung Wagners, namentlich für die
Geschichte der Musik völlig gelten lassen und doch er=
kennen, daß und warum Wagner in seiner Gesamt=
erscheinung doch weniger ein Prophet der Zukunft war,
als vielmehr ein besonders charakteristischer Künder des

Geiftes einer ablaufenden Zeit, mehr Abschluß und Zusammenfassung des Vergangenen als Anfang des Neuen.
In seiner Weltanschauung wollten seine Verehrer eine
Art Religion der Zukunft finden, und doch laffen sich die
romantischen und jungdeutsch revolutionären Mischungs-
bestandteile in ihr so wenig verkennen, wie namentlich die Einflüffe Schopenhauers und der ganzen peffi-
miftischen Zeitrichtung; es ist ein fortwährendes Hin und
Her zwischen Lebensverneinung und stark sinnlichem
Lebensbegehren, der Lebenswille sucht einerseits mit
revolutionärer Rücksichtslosigkeit sein Recht bis ins
Schwüle oder Brutale des Sinnengenuffes, schlägt aber
andererseits doch immer wieder aus dem Trotz ins Ver-
zagen um, dämmert aus den Anläufen der Kraft in
resigniertes Erlöschen hinüber und langt endlich bei
einem Erlösungsmysticismus an, der mehr wie ein
müdes Zurückschielen nach der Romantik aussieht als
wie ein keckes Vorausschauen eines deutschen Zukunfts-
glaubens. Diese Weltanschauung hat nun Wagner in
seinen Kunstwerken freilich in nationale oder wenigstens
national scheinende Sagenstoffe hineingelegt, sogar in den
Nibelungenstoff; aber im Stoffe liegt das Nationale noch
nicht, es kommt auf den Geist und die Weltanschauung
an, die sich darin ausspricht. Ein starkes Maß von
bewußt deutschem Denken und Wollen läßt sich denn
auch Richard Wagner keinenfalls absprechen; aber teils
ist es mit anderen Elementen durchsetzt, die oft, namentlich im „Triftan" bedenklich keltoromanisch anmuten, teils
ist es eben peffimiftisch durchkränkelt, und das hat selbst
in den „Nibelungenring" einen fremden Zug gebracht.
— Auch die Aefthetik Wagners, die für sein Schaf-

und seine Wirkungen von wesentlicher Bedeutung ist,
weist eher nach rückwärts als nach vorwärts. Es kann
nicht als ein Gewinn für die Aesthetik veranschlagt werden,
wenn sie principiell wieder hinter den „Laokoon" zurück=
geworfen wird, indem die historisch gewordenen Grenzen
der Künste wieder verwischt werden, wenn auch in
neuer Art. Es lag ein gut Stück romantischer Begriffs=
verwirrung in der Wagner'schen Aesthetik und sie wurde
noch dadurch gesteigert, daß auch hier die Schopenhauer'sche
Auffassung, seine Auffassung von der Musik den be=
herrschenden Gesichtspunkt gab: weil nach Schopenhauer
die Musik am meisten geeignet sein soll, dem Lebens=
willen objektiven Ausdruck zu geben, und weil Wagner
unter Schopenhauers Einfluß den Lebenswillen mit Vor=
liebe unter der Bewußtseinsschwelle sucht, wohin aller=
dings die Musik tiefer wühlen kann als das Wort, so wurde
ihm die Musik zum allesbeherrschenden Kunstmittel in
dem erstrebten Gesamtkunstwerk. Er suchte sie aller=
dings dem dramatischen Zweck, von dem sie die frühere
Oper losgelöst hatte, wieder ein= und unterzuordnen,
aber, indem er ihr doch die Hauptaufgabe zuwies und
sie als unentbehrlich überall zu den anderen Ausdrucks=
mitteln der dramatischen Kunst hinzubrachte, erzeugte er
eine Häufung der Kunstmittel, eine Ueberlastung und
Ueberreizung, welche die ästhetische Gesamtwirkung nur
schädigt und namentlich dem Wort seine Wirkung ver=
kümmert. Wagner hat auf diese Weise nicht nur über=
haupt sein Teil zu dem modernsten Wirrwarr der
ästhetischen Begriffe beigetragen sondern auch die musi=
kalische Ueberreizung und die grenzenlose Ueberschätzung
der Musik in unserem Kulturleben gefördert, die nach=

gerade als förmliche Kalamität empfunden wird. —
Uebrigens entsprang Wagners Theorie nicht nur seiner
an Schopenhauer sich anschließenden Welt- und Lebensauffassung, sondern auch dem individuellen Mischungsverhältnis seiner künstlerischen Begabung, dem Verhältnis
zwischen seinem musikalischen und seinem poetischen
Können. Denn er war eben doch mehr Musiker als
Dichter, und der Ausfall an poetischer Kraft mußte auf
musikalischem Wege gedeckt werden, theoretisch wie praktisch.
Wagner besaß gerade so viel poetische und dramatische
Fähigkeit und so viel Sinn fürs Theatralische, als er
brauchte, um sich für seine Musikdramen Textbücher her-
zustellen, die über den Durchschnitt der übel beleumun-
deten Operntexte hinaus ins Gebiet der dramatischen
Poesie hinübergriffen. Er war sogar, wie sein „Ring
des Nibelungen" beweist, befähigt, eine in ihrer Art
großzügige dramatische Komposition zu schaffen, an der
freilich die Reflexion mehr Anteil hatte als die unmittelbar schauende Phantasie. Aber was er nun von
persönlichem Leben in Handlungen und Gestalten hinein-
zulegen hatte, das kam doch mehr mit musikalischen als
poetischen Mitteln zum Ausdruck; das volle poetische
Eigenleben fehlt seinen dramatischen Gebilden. Rein
als Dichter genommen würde Richard Wagner nicht
eben viel bedeuten; als Musiker, Aesthetiker und
durch den besonderen Weltanschauungsgehalt seiner Werke
war er eine bedeutende und charakteristische Erscheinung
aus der Zeit und für die Zeit — ob für eine fernere
Zukunft, das ist zum mindesten höchst fraglich. Denn
der Geist, der aus ihm spricht, hat in verschiedenen
wesentlichen Beziehungen allzuviel Gemeinsames mit dem

Geiste einer erkrankten Zeit, deſſen Ueberwindung gerade
eine der bringendſten Aufgaben und notwendigſten Be=
bingungen für unſere nationale Zukunft iſt.

Um die Mitte der achtziger Jahre konnte es nun
ſcheinen, als ob ein junges Geſchlecht grundſätzlich und
kraftvoll, wenn auch vielleicht noch etwas unreif, all
die Krankheits= und Entartungserſcheinungen ausſtoßen
wolle, welche bis dahin am deutſchen Weſen gezehrt
hatten. Eine „Litteraturrevolution" wurde an=
gekündigt, und es vollzog ſich in der That etwas ber=
gleichen. Aber das junge Geſchlecht, das die Geſundung
bringen wollte, war eben jenes Geſchlecht, das gerade in
der ſchlimmſten Krankenluft erwachſen war; es fehlten ihm
die eigenen Geſundungskräfte, und im Gefühl davon riß
es Thüren und Fenſter weit auf, um die vermeintlich
geſunde Luft des Auslandes hereinzulaſſen, und merkte
nicht, daß dieſe nur neue Krankheitskeime mitbrachte.
Und ſo wurde vorläufig nicht viel beſſer, manches
ſchlimmer, und der ganze Reſt des Jahrhunderts er=
ſchöpfte ſich litterariſch in Anſprüchen und Experimenten,
im beſten Fall in Anläufen und Anſätzen. — Das Signal
zu der ſogenannten Litteraturrevolution wurde im Jahr
1884 gegeben durch ein lyriſches Sammelwerk, „Moderne
Dichtercharaktere" betitelt, zuſammengeſteuert von jungen
Studenten und einigen älteren Herren. Sein poetiſcher
Gehalt war nichts Ungewöhnliches, und es iſt bald ver=
ſchollen. Aber die Vorrede verkündigte mit verblüffender
Keckheit den Beginn einer völligen litterariſchen Um=
wälzung und erweckte ein Echo von allen Ecken und
Enden des jüngſten und allerjüngſten Deutſchlands; es
erhub ſich ein fürchterlicher Lärm aus Dutzenden von

jungen Kehlen, von dem zwar das größere Publikum
vorläufig keine Notiz nahm, der aber mancher erbein-
gesessenen Größe im deutschen Dichterwald übel in die
Ohren gellte. Und das A und O des Lärms war nichts
Geringeres als die Behauptung, die ganze deutsche Litteratur sei faul und nichtsnutzig, die „Alten" seien tot
bei Lebzeiten, das „jüngste Deutschland" wisse erst, was
wahre Poesie sei, und werde es durch Thaten zeigen.
Der Baccalaureus aus dem zweiten Teil „Faust" stand
in seiner ganzen originalen Pracht vor der erstaunten
Mitwelt. Für einen kühlen Beobachter war das ja ganz
hübsch, man erlebte nun auch wieder einmal einen
litterarischen „Sturm und Drang", und konnte begierig
sein, was diesmal dabei herauskomme. Auch hatte die
Kritik, welche die Jünglinge am Alten übten, in vielen
Punkten unzweifelhaft recht — nur daß so ziemlich
alles, was sie Richtiges beibrachten, von anderen, älteren
Leuten auch schon gedacht und gesagt worden war, nur
weniger anmaßend und grob. Daß die Jugend keinen
Respekt vor der herrschenden Litteratur haben konnte,
die sie aus der unmittelbar vorangegangenen Zeit der
flach optimistischen und pessimistischen Entartung vor-
fand, war ebenso begreiflich, wie es verzeihlich war,
daß die Jugend gleich das Kind mit dem Bad aus-
schüttete und das Gesunde und Tüchtige nicht sah, das
doch auch noch da war. Auch die Geibel'sche Richtung
und ihre noch im Besitz befindlichen älteren und jüngeren
Vertreter boten ja Anlaß zur Kritik, zur Klage über
bloß formales Schönmachen, zum Wunsch nach kräftigerem,
urwüchsigerem poetischem Gehalt. Und das hergebrachte
Gerede vom Epigonentum, das die Litteraturgeschic

mit Goethes Tod abschloß, die alexandrinische Ver-
himmelung, der einseitig philologisch=historische Kultus
der Klassiker, den die Philologenschule Wilhelm
Scherers in noch höheren Schwung als vorher gebracht
hatte und der in den Ausschreitungen der Goethe=
philologie sein abschreckendstes Gesicht zeigte — auch das
und dergleichen war ja geeignet, eine unvergorene Jugend
zu keckem pietätlosem Absprechen und unhistorischem Ver=
werfen des Alten zu stimmen. Vollends aber das, was
sich an sogenannter schöner Litteratur von den siebziger
Jahren her durch die Familienblätter, illustrierten Zeit=
schriften und Feuilletons wälzte, litt ja allerdings zum
überwiegenden Teil an der Verlogenheit, der schwäch=
lichen ästhetischen und ethischen Heuchelei und teilweise
sogar an der versteckten Lüsternheit, über welche die
Jugend so bewegliche Klage führte. In dem allem konnte
man sie begreifen oder ihr sogar recht geben. Was
aber nicht nur die unmittelbar angegriffenen älteren An=
wohner des Parnasses ärgerte, sondern auch anderen
reiferen Leuten auf die Länge mißfallen mußte, das war
die groteske und ganz humorlose Ungezogenheit, in der
sich die lautesten Stimmführer der Jungen gefielen, die
Roheit, mit der jeder Gegner wütend angefallen wurde,
der Gassenton, der immer mehr in der neuen Litteratur
einriß, die schülerhafte Anmaßung eines ganz unreifen
Theoretisierens, zu der die oft komische Unwissenheit in
litterarhistorischen Dingen und die Geringfügigkeit der
thatsächlichen eigenen Leistungen in einem sonderbaren
Mißverhältnis standen, das unduldsame litterarische
Partei= und Reklamewesen, mit dem die Jüngsten die
schlechten Ueberlieferungen der siebziger Jahre fröhlich

fortsetzten. Und noch etwas mußte auch billige Beurteiler
anwidern: die Unflätigkeit und Schamlosigkeit, die bald
als ein Zeichen poetischen Mutes galt — wer sich dagegen auflehnte, wurde zuerst als elender Moralphilister
verhöhnt und mit Schmähungen überhäuft, später aber,
als man sich selbst einigermaßen zu schämen begann,
that man gern, als ob diese wüsten Ausschreitungen gar
nicht vorhanden oder belanglos gewesen wären. Sie
waren aber nicht belanglos, sondern in ihnen brach nur
ganz plump und brutal das ethische Giftgeschwür auf,
das sich etwa in zwei Jahrzehnten allmählich zusammen-
gezogen hatte. Daß sich in all diesem Treiben einige
unsaubere und unfähige Gesellen, namentlich einige
jüdische Elemente besonders frech vordrängten und ihre
besseren Parteigenossen mitbloßstellten, soll nicht verschwiegen werden. — Freilich deckte man das alles mit
den Schlagworten der Theorie; denn eine neue Theorie
zu gründen, ein unfehlbares ästhetisches Rezept zu verschreiben, das wurde auch jetzt wie in allen schaffens-
unkräftigen Zeiten für wichtiger und eiliger gehalten
als das Schaffen selbst. Die ersten theoretischen Schlag-
worte waren: Realismus, nicht Idealismus — Wahrheit,
nicht Schönheit! Daß der poetische Realismus in
Deutschland längst da war, wußten die Jungen so wenig,
als daß der Realismus im Grunde so alt ist wie die
Poesie, oder, daß Idealismus etwas anderes ist als
unwahre Schönfärberei, daß es sich hier nur um Stil-
unterschiede mit allerlei Uebergängen handelt, und daß
Idealismus und Realismus als zwei Seiten einer Sache
nebeneinander bestehen können. Daß Wahrheit und Schönheit keine Gegensätze sind, daß Schönheit als solche nicht

unwahr und Wahrheit nicht notwendig häßlich fein muß,
daß Wahrheit und Schönheit nicht abstrakte Begriffe find,
sondern lebendige Potenzen, die durch die schaffende
Phantasiethätigkeit sich aufs mannigfachste persönlich ver=
mitteln können — auch das vermochte jene ästhetische
Unreife nicht zu faffen. Dabei verwechselte man aufs
plumpste Wahrheit und Wirklichkeit, vermochte den
Unterschied zwischen produktiver und reproduktiver
Phantasie nicht zu begreifen, nannte alles persönlich pro=
duktive Verarbeiten des Stoffes fälschenden Idealismus
und wollte nur die reproduktive Darstellung des Be=
obachteten als Realismus, als poetische Wahrheit gelten
laffen. Kurz man verwechselte in einer von keinem
tieferen ästhetischen Denken gestörten Naivetät die künst=
lerische, die poetische Wahrheit mit der wissenschaftlichen,
faßte überdies auch diese noch ziemlich äußerlich, tappte
aus lauter Angst vor der verpönten Schönheit grob=
stiefelig in allen Pfützen der Häßlichkeit herum und
hatte damit auch für alle Häßlichkeitsinstinkte zuchtloser
Gemüter einen theoretischen Schutzbrief. Dergleichen ver=
stand man in der zweiten Hälfte der achtziger Jahre
unter Realismus. Als man dann infolge der Einreden
der Gegner allmählich zu begreifen anfing, daß das
noch nicht ganz dasselbe sei wie poetischer Realismus,
vielmehr im besten Fall Naturalismus im Sinne
einer unverarbeiteten Wiedergabe des beobachteten Wirk=
lichen — da bekannte man sich unumwunden zum
Naturalismus, zog es aber schließlich vor, sich ebenso
geschmacklos wie anspruchsvoll „die Moderne" zu
taufen.

Uebrigens war die neue Theorie und Praxis nicht

einmal eigenes und einheimisches Gewächs, sondern
wieder einmal fremde Einfuhr. Zu der Kritik des Alten
etwas positiv Neues zu fügen, dazu reichten die persön=
lichen Mittel der jungen Litteraturrevolutionäre vorläufig
nicht aus, was an gesundem, poetischem Realismus in
Deutschland längst da war, das kannten oder beachteten
sie nicht — soweit sie allmählich darauf aufmerksam
wurden, beeilten sie sich dann allerdings, es für sich
mit Beschlag zu belegen, sie drängten sich zum Beispiel
mit der Zeit an Gottfried Keller, kamen freilich übel
bei ihm an. Aber von einer naturgemäßen Anknüpfung
an den poetischen Realismus der fünfziger Jahre war
keine Rede; dagegen hatte man Flaubert, Zola und andere
französische Naturalisten kennen gelernt, bei ihnen und
dann bei Russen und Skandinaviern ging man mit un=
seligem Eifer in die Schule. — Vor allem war es
Emile Zola, bei dem sich das jüngste Deutschland seine
neue Aesthetik holte, aus seinen Romanen und aus seinen
theoretischen Kundgebungen. Zola ist eine Erscheinung
der modernen französischen Litteratur, die durchaus das
Zeichen romanischen Wesens trägt, dem deutschen Geiste
innerlich völlig fremd ist. Seine einzige poetische Leiden=
schaft ist die der Anklage gegen bestehende Zustände und
zwar gerade gegen Zustände des Verfalles, der Ent=
artung, — das konnte immerhin auf die Jugend einen
Eindruck machen, die ja im Grunde auch so etwas spürte,
wie daß eine Entartung zu bekämpfen sei. Aber die
Entartung bei uns zu Hause sah doch etwas anders
aus als die französischen, speciell die Pariser Entartungs=
zustände, die Zola anklagte, und sie war keinenfalls
dadurch zu heben, daß man den Teufel mit Beelzebub

austreiben wollte. Sodann aber lag es im Temperamente Zolas, anzuklagen ohne alles Pathos, lediglich durch möglichst exakte Wiedergabe der thatsächlichen Verhältnisse und Zustände; seine Methode war doch weniger die künstlerische der schaffenden Phantasie, als die wissenschaftliche der Beobachtung und Beschreibung des Wirklichen — das aber hatte zur Folge, daß dieser Methode alles, was überhaupt wirklich ist, gleichermaßen der eingehendsten Beschreibung würdig schien. Aesthetische oder ethische Wertunterschiede gab's da im Einzelnen nicht mehr, da aber das gegebene Objekt der Beschreibung vorzugsweise die Entartung war, so war es begreiflich, daß Zolas Werke von der Fäulnis und dem Schmutz überquollen, worin der flüchtige Beurteiler ihr eigentliches Wesen sah; und der Nachahmer konnte leicht darauf verfallen, nicht nur die Methode sondern auch die Gegenstände der Darstellung für nachahmungswert zu halten und mit seiner ästhetischen auch seine ethische Stellung zum Gegenstande nach der Art des Franzosen und seines romanischen Temperaments zu modeln. Aber auch rein ästhetisch war dies Temperament ein romanisches: die Neigung, des Menschen Schicksal und Charakter weniger aus seiner Innerlichkeit, seinem Willen abzuleiten als aus den Einflüssen der Außenwelt, entspricht ja mehr der romanischen als der germanischen Art — aus jener entsprang im Grunde die alleinseligmachende Wirrlehre vom „Milieu", die nun im Anschluß an Zola von allen ästhetischen Kanzeln der Moderne gepredigt wurde. Formell entfaltete sich die Zolanachahmung als eine möglichst phantasielose Beschreibung und Abschilderung des *beobachteten Wirklichen*, das zudem oft genug recht mangel-

haft und schief beobachtet war; sachlich aber suchte
man den Pariser Meister zu erreichen, indem man
das Wirkliche mit besonderer Vorliebe im Häßlichen,
Brutalen, Gemeinen an Zuständen und Menschen suchte,
im Untermenschlichen und Viehischen an der Menschen=
natur, im Fauligen und Entartenden. Was auf dieser
Jagd nach dem Gemeinen und Brutalen, die als Streben
nach Wahrheit ausgegeben wurde, in der Darstellung
des Erotischen, in der Behandlung des Weibes geleistet
wurde, wie wahr diese Wahrheit war, wie plump hier
romanische, speciell Pariser Auffassungen ins Deutsche
vergröbert wurden — das ist ein besonders schmieriges
Kapitel in der Geschichte der deutschen Zolanachahmung;
und es wird nicht sauberer dadurch, daß man dergleichen
später nicht mehr Wort haben wollte oder über Prüderie
und Heuchelei schalt, wenn jemand darauf hinwies. Es
versteht sich übrigens, daß all der Zolanachahmung auch
die Eindrücke des Großstadtlebens daheim entgegenkamen,
in dem die jungen Naturalisten ihren Horizont verengten,
an dessen Mißbildungen und socialen Zersetzungserschei=
nungen sie ihre Studien machten. Und ähnlich wirkten
die immer stärker werdenden Einflüsse socialistischer
Ideen, der immer mehr aufkommende Wahn, nur die
socialen Probleme seien noch des Interesses würdig, auch
des poetischen Interesses; und dabei lag es in der
Natur der Sache, daß die Nachtseiten des socialen Lebens
die besondere Aufmerksamkeit erregten, die ja auch Zola
mit Vorliebe darstellte. So bekamen wir in Lyrik und
Roman und bald auch auf der Bühne jene beelendende
Elends= und Armeleutpoesie, jene Verkümmerungsdar=
stellungen, welche die Entartung förderten und ver=

wilderten, auch wenn sie ihr entgegenzuarbeiten glaubten.

Neben dem französischen Naturalismus aber übte auch die skandinavische und russische Litteratur mächtigen Einfluß auf die junge deutsche Litteratur und namentlich auf ihre socialpessimistische Richtung. Henrik Ibsen vor allem kam hiebei in Betracht. Zwar steht sein geistiges Wesen zunächst in einem anderen Verhältnis zur deutschen Litteratur als das Zolas: Zola ist Romane, ethisch und ästhetisch, im Grunde dem deutschen Wesen fremd — bei ihm war im wesentlichen nichts zu holen als Irrung, Selbstentfremdung oder gar romanischer Krankheitsstoff; Ibsen dagegen ist Germane, Norweger, dem deutschen Wesen im Grunde verwandt, in Fehlern wie in Vorzügen, und sein großer Einfluß auf die deutsche Litteratur hängt bis auf einen hohen Grad damit zusammen — er ist allmählich geradezu etwas geworden wie ein deutscher Dichter. Was den Deutschen bei Ibsen notwendig anziehen mußte, das ist einmal die nachdrückliche Betonung des Individuellen, der herbe Germanentrotz, mit dem der einzelne Charakter eben als Charakter sich auf sich selbst stellt — im Gegensatz zu dem romanischen „Milieu", das bei Zola alles beherrscht; sodann die schroffe Hervorkehrung des germanischen Gewissens und seines kategorischen Imperativs, die Geltendmachung der sittlichen Forderung auf jede Gefahr hin, namentlich das unbestechliche Wahrheitsgewissen: In diesen Beziehungen ist Ibsen mit Recht als Idealist bezeichnet worden, sofern er das Leben durchaus nicht bloß giebt, wie es wirklich ist oder höchstens in einem besonderen Temperament sich bricht, sondern *so wie es unterm Gesichtspunkte* einer ethischen Idee

sich darstellt, mit der die Wirklichkeit in Konflikt steht
oder in Einklang gebracht werden soll. Hätte der Einfluß Ibsens sich nur auf das gegründet, so hätte er
ein heilsames Gegengewicht gegen Zolaismus und Romanismus abgeben können. Aber diese gut germanischen
Seiten an Ibsen haben auch ihre — freilich ebenso
germanischen Kehrseiten: sein Individualismus, wie man's
kurz nennen mag, wird zu einer verbohrten Querköpfig-
keit, die willkürlich und eigensinnig mit dem Kopf durch
die Wand will; sein Wahrheitsernst wird rechthaberischer
Doktrinarismus, der den einzelnen Fall ungebührlich
verallgemeinert, das Einzelgewissen zum Allerwelts-
gewissen macht, Wahrheitsfanatismus, der den Wert
der Illusion nicht mehr kennt. Und das wird noch
schlimmer durch Ibsens einseitige Betonung des Ver-
erbungsgedankens — einseitig, weil über der Vererbung
des physisch und moralisch Schlechten und Kranken übersehen wird, daß auch das Tüchtige und Gesunde sich
vererbt und steigert. Gerade diese Kehrseiten an der
Geistesart Ibsens haben besonders stark auf die Zeit
gewirkt, weil sie ihrer pessimistischen Richtung und zugleich der Vorliebe des Zolaismus für Entartungsdar-
stellungen entgegenkamen. Und formell arbeitete auch
das wieder der naturalistischen Wirklichkeitsbeschreiberei
nach Zolas Art in die Hände. Verwirrend wirkte dabei
auch Ibsens verengtes und verärgertes Norwegertum,
indem von ihm selbst und von seinen Bewunderern die
socialethischen Zustände seiner Heimat voreilig verallgemeinert wurden. Und auch in speciell dramatur-
gischer Beziehung wirkte die Bewunderung und Nachahmung Ibsens mehr verwirrend und auflösend als

festigend und klärend. Ibsen selbst hat sein persönliches
Kunstgeheimnis, das ihn auch mit seiner mehr epischen
als dramatischen Technik noch starke Wirkungen erzielen
läßt; aber seine Manier, mehr Erklärung des schon
Gewordenen als unmittelbar Werdendes zu geben,
dramatische Katastrophen, durch die sich Expositionen hin=
durchschlingen, statt ganzer Dramen, ruhend Zuständliches
statt straff fortschreitender Handlung — diese Manier,
die man ihm gelten lassen kann, eignet sich durchaus
nicht zur Nachahmung und Verallgemeinerung und för=
derte bei den Nachahmern nur wieder die bloße Zustands=
und Milieudramatik, welche die Zolaische Technik des
naturalistischen Romans unbesehen aufs Drama übertrug.
Und zudem erhielt durch die Ibsenbewunderung im
deutschen Drama auch die bereits vorhandene Neigung
weitere Nahrung, erprobte Kunstgesetze ohne viel Um=
stände für veraltet zu erklären und wegzuwerfen, ohne
doch etwas Besseres an die Stelle setzen zu können. So
heilsam daher der Einfluß eines kraftvollen nordger=
manischen Dichters auf die jüngste deutsche Litteratur
hätte wirken können, so viel Ansätze dazu bei Ibsen sich
fanden — thatsächlich, das heißt, so wie Ibsens Gesamt=
persönlichkeit und der Charakter der Zeit war, hat auch
sein Einfluß mehr geschadet als genützt.

Und ähnlich war es mit den slavischen Einflüssen,
die aus Rußland kamen und denen sich die Jungen
mit derselben Unsicherheit und Unreife hingaben, wie
den französischen und skandinavischen. Auch in Tolstoi
lebt ja wie in Ibsen ein Gewissen und ein Wahrheits=
ernst, aber es ist ein unklar ringendes, oft völlig ver=
schrobenes Gewissen, eine häufig ganz absurde Wahrheit, die

unhistorisch und mit allerlei Mysticismen versetzt zwischen
Extremen hin und her schwankt. Und es ist slavischer
Geist, der Geist eines zur Kultur sich erst aufringenden
Volkstums, der doch von den Einflüssen überreifer,
fremder Kultur verwirrt ist. Etwas wie Katzenjammer
jugendlicher Vergreifung spricht aus Tolstoi; und die
Schäden deutschen Wesens durch slavische Heilmittel
kurieren zu wollen, war doch ein kopfloses Beginnen.
Mehr als Tolstoi und andere Russen hat aber Dostojewsky auf das junge Geschlecht gewirkt, hauptsächlich
durch seinen seit 1882 in Deutschland bekannt gewordenen
„Raskolnikoff" und zwar hauptsächlich nach der Seite
des ästhetischen Formprincips hin. Die unheilvolle Sophi-
stik des Verbrechergewissens ist vielleicht nirgends so
eingehend geschildert worden wie hier, und wenn man
die wissenschaftliche Arbeit eines Gerichtsarztes, den
psychologischen Sektionsbefund eines Verbrechers vor sich
hätte, so wäre das ohne Frage von hohem psychologischem
Interesse. Aber als Kunstwerk konnte der Roman nur
dem Zola'schen Naturalismus Vorschub leisten: sachlich
die Krankheitszustände eines elend hinsiechenden Gewissens, formell die peinlich minutiöse Milieudarstellung,
die mehr wissenschaftliche als poetische Vivisektion, die
jeden zuckenden Nerv und Muskel, jede erkrankte Gehirn-
partie, jede Ueberreizungs- und Lähmungserscheinung in
schmerzhaftester Weise vor den Augen bloßlegte — das
war's, was den Jungen imponierte und ihnen den
„Raskolnikoff" zu einem Musterbuche machte.

Sonst wurden natürlich noch eine Reihe von französischen, skandinavischen und russischen Schriftstellern als
Götter zweiter Ordnung verehrt, und es war oft förmlich

komiſch, wie alle möglichen Artikel ausländiſcher Litteratur
mit der Geſchäftigkeit von Handlungsreiſenden importiert
und angeprieſen wurden, immer das Neueſte vom Neuen.
Und das zu einer Zeit, da eine energiſche Sammlung
deutſchen Geiſtes, ein ſtraffes Sichbeſinnen auf ſich ſelbſt,
eine ſtrenge Selbſtzucht die Aufgabe und das einzige
Mittel geweſen wäre, aus der beginnenden Entartung
deutſchen Weſens herauszukommen, ſtatt daß man durch
die Eindrücke fremder Entartungen die eigene noch ge=
ſteigert hätte.   Aber dafür hatten die Stimmführer der
Moderne um 1890 herum keinen Sinn, dafür waren ſie
äſthetiſch und ethiſch zu unklar und haltlos, auch zu
ſehr ins bloße Litteratentreiben verſponnen, als daß ſie
für die bringenden tieferen Angelegenheiten der Nation
Blick gehabt hätten; ſie ſahen das Nationale nur im
äußerlich Politiſchen und ließen ſich von dieſem mannig=
fach verſtimmen — die eigentlich geiſtigen und ethiſchen
Lebensregungen und Lebensbedürfniſſe der Nation ent=
gingen ihnen ſo gut wie die innerlich bewegenden Kräfte
nationaler Politik, ſie ſtarrten wie hypnotiſiert nur auf
den allgemeinen ſocialen Jammer, und auf ihre aus=
ländiſchen Litteraturmuſter.   Und ſo blieb denn alles,
was man von einer neuen großen Litteratur redete, im
beſten Fall bloße Verheißung, und am Anfang der neun=
ziger Jahre war nichts bei dem allem herausgekommen
als das formale Ergebnis, daß der „konſequente“
Naturalismus herrſchendes Stilprincip geworden war,
während ſachlich ein lähmender Peſſimismus immer noch
auf der Weltauffaſſung laſtete, durchſetzt mit einem ſtarken
Stück Socialismus, der aber ſchon Miene machte, zu
einem *einſeitigen* Individualismus hinüberzuſchwanken.

Denn jetzt begann Nietzsche Mode zu werden, der „Truggeist", wie ihn Wilhelm Jordan gröblich aber richtig genannt hat, die unselige Mischung von Gesundheit und Krankheit, von Wahrheitsahnung und Wahrheitsver- zerrung. Friedrich Nietzsche (und der Nietzscheanismus, soweit er halbwegs ernsthaft zu nehmen, nicht bloß stumpf- sinniges Modetreiben war und ist) ist wesentlich als eine Rückschlagserscheinung zu fassen, und zwar gegen die immer weitergehende Demokratisierung, Socialisierung, Nivellierung des Lebens in Staat und Gesellschaft, in der ganzen Lebensauffassung und Lebenshaltung der Massen, wie das seit den dreißiger Jahren aus dem herrschenden bürgerlichen Liberalismus herausgewachsen ist, ihn abgelöst und überboten hat. Dagegen erhebt sich in Nietzsche, wie in andere Art schon bei Ibsen, das Individuum, die Selbstherrlichkeit des starken oder sich stark dünkenden Einzelnen, die aristokratische Verachtung der Massen und ihrer Instinkte, der Widerwille gegen alles, was Massenherrschaft und Gleichmacherei jeglicher Art heißt; das vornehm aristokratische Individuum steht auf und pocht rücksichtslos auf sein Recht, das Recht der Kraft und der Macht, sucht eine Ethik der Kraft und des Willens zur Macht „jenseits von Gut und Böse" der herrschenden Moral, ballt der Masse gegenüber die Faust des Herrn und droht mitleidslose Vernichtung allem Schwächlichen, Parasitischen, Entartenden, Sklavenartigen. Ein solcher Rückschlag ist sehr begreiflich, und wäre er in einer gesunden Persönlichkeit aufgetreten, die wirkliche, nicht nur gewollte Kraft mit besonnenem Maß zu ver- binden gewußt hätte, wie das in Jordans Nibelungen- gestalten poetisch sich darstellte und in Bismarcks Persön-

lichkeit praktisch wirksam geworden ist, so wäre ein solcher
Rückschlag zu begrüßen gewesen als notwendige und heil-
same Gegenwirkung gegen alles, was unser Dasein unter
das Joch brutaler Masseninstinkte beugen und einem un-
psychologischen und unhistorischen Gleichheitsdoktrinaris-
mus dienstbar machen will. Aber Nietzsche war eben im
Grund keine gesunde Kraftnatur, sondern eine Natur, in
der sich das Ringen nach Kraft und Gesundheit wunderlich mischte mit einer krankhaften Neigung zu Uebertreibungen, Maßlosigkeiten und Verzerrungen, die doch
etwas anderes sind als die Einseitigkeiten der Kraft, vielmehr bedenklich wieder an Schwäche gemahnen. So war
es einerseits wohl begreiflich, daß die litterarische Jugend
sich von Nietzsche angezogen fühlte, andererseits konnte
es für die unreife und in ihrer Weltanschauung noch
unsichere Jugend oder gar für das in keiner Zucht strengen
Denkens erwachsene Frauenzimmer nicht leicht etwas Ge-
fährlicheres geben, als die ewig schillernden und wechseln-
den, fragmentarisch und aphoristisch vorgetragenen Lehren
Nietzsches. In einer Zeit, die ohnedies eine Vorliebe für
die Verzerrung hatte, hielt man sich bei Nietzsche vorzugsweise an das Verzerrte, um es noch mehr zu verzerren.
Der Uebermensch, der nun durch Romane und Dramen
lief und in der Lyrik sich spreizte, war nichts weniger als
die großartige Erhebung starker Naturen über sich selbst
und das Gemeinmenschliche, die etwa in Jordans Brunhild sich darstellt, nicht einmal das ernste Ringen um
physische und ethische Zucht im Interesse stärkerer kom-
mender Generationen, wie es bei Jordan und, teilweise
wenigstens, auch noch bei Nietzsche auftritt — es war meist
nichts als gedunsene Pose des ganz gemein Menschlichen

und „Allzumenschlichen", freche Maske für das Tierische und Untermenschliche oder einfach dumme Großsprecherei und Großmannsucht. — Auch Nietzsches Einfluß hat nicht die Erlösung gebracht, nach der die Modernen selbst immer mehr seufzten und begehrten, auch er war nicht der Erlöser für die moderne Menschheit, der er in seinem Zarathustragewande sein wollte und zu sein glaubte. Und formell ästhetisch war der Glanz und poetische Schimmer, den seine Verkündigungen vielfach haben, auch nicht dazu angethan, Stilstrenge und künstlerische Konzentration zu fördern, vielmehr hat auch seine Form nur dem fragmentarischen, aphoristischen, feuilletonistischen Wesen noch einmal Vorschub geleistet, an dem wir schon seit Heine litten.

Ueberdenkt man all diese mannigfach sich widersprechenden und doch vielfach wieder zusammenwirkenden Einflüsse, unter denen die Litteratur der letzten anderthalb Jahrzehnte des Jahrhunderts stand, so ist nichts Verwunderliches an all dem unsichern Tasten und nervösen Experimentieren, in dem sich diese Litteratur erschöpfte, an dem ruhelosen Hasten nach immer neu sich überbietenden Effekten, an dem ästhetischen und ethischen Wirrwarr, in dem alles schwankte, an der Eilfertigkeit, mit der ein Ismus den anderen, eine Tagesmode die andere ablöste. Verwunderlich ist ebensowenig, daß die thatsächliche poetische Ausbeute dieser Zeit in üblem Mißverhältnis zu den kolossalen Ansprüchen stand, welche die neue Litteratur erhob, daß die deutsche Poesie bis zum Ende des Jahrhunderts vergebens auf den Messias harrte, der doch alle Augenblicke verkündigt wurde. Begreiflich ist auch die nahezu vollendete Humorlosigkeit, durch die sich „die Moderne" auszeichnete: der konsequente Naturalismus

kennt seiner Natur nach keinen Hu_{mor}, weil für ihn alles
Wirkliche ästhetisch gleichwertig ist. Der Naturalismus hat
der Moderne aber auch den Weg zum Tragischen verlegt,
sie konnte nur das Traurige und Niederdrückende in seiner
trostlosen Vereinzelung darstellen und vielleicht noch mit
einigen Rühreffekten ausstatten, nicht aber die tragischen
Widersprüche herausstellen und auf Grund einer großen
Gesamtauffassung des Daseins zur Lösung bringen. Für
all das fehlte es überdies an der fest zugreifenden, ihrer
selbst sicheren Männlichkeit, die etwas anderes ist als
leckes und anspruchsvolles Sich=breit=machen. Zuerst war
die jugendliche Unreife allzusehr obenauf und dann gesellte
sich ihr rasch die Frühreife und Ueberreife und ein weibisch
nervöses Wesen, das die deutsche Litteratur immer mehr
des Anspruchs beraubte, der Spiegel des wirklichen deutschen
Lebens zu sein, das Bild des deutschen Mannes zu geben.
Denn im wirklichen Leben machte sich, nachdem das Elend
der siebziger Jahre und die Verstimmungen der achtziger
Jahre einigermaßen überwunden waren, doch wieder ein
anderer Schlag von Männern geltend als der, welcher
durch die Litteratur lief: der wollende, wirkende, schaffende
Typus des modernen Mannes, der — oft grausam nüchtern
und trocken und scheinbar unpoetisch — doch immer ener=
gischer daran ist, das „Volk der Dichter und Denker"
wieder zu einem Volke der That zu machen und ihm sein
gebührendes Teil der Welt zu erobern. Aber in der
Litteratur wankten noch immer, ja jetzt erst recht, die
Schwächlinge herum, die schlappen Hysteriker und Neur=
astheniker, die nie recht wissen, was sie wollen, die Krea=
turen ihres Milieu, die Kreaturen des Weibes, an dem
sie denn auch regelrecht und auf gut romanisch zu Grunde

gehen. Kurz, während im wirklichen Leben die gesunde
Kraft der Nation sich wieder sammelte, war die Litteratur
immer noch die Ausstellung ihrer Entartungsprodukte, die
sie geworden war unterm Einfluß der Entartungs=
darstellungen des Auslandes, der großstädtischen Kultur=
verbildungen und nicht am letzten des großstädtischen pro=
fessionellen Litteratentums, das in seiner Hetze um den
Erfolg alles eher bildet als gesunde kraftvolle Männlich=
keit. Daß immer mehr auch weibliche Federn die herr=
schende Litteratur machen halfen, stand im engsten Zu=
sammenhang mit ihrem Gesamtcharakter, war aber keinen=
falls geeignet, ihm aufzuhelfen.

Aus diesem Gesamtbilde der Moderne lassen sich ver=
hältnismäßig nur wenige poetische Einzelerscheinungen her=
vorheben. Manches wird erst in der Zukunft die rechte
Würdigung finden können; vieles ist unheimlich rasch wie=
der in die Versenkung gefahren, manchem noch vor kurzem
stark ausgeschrieenen Namen thut man schon heute zu
viel Ehre an, wenn man ihn überhaupt noch nennt;
manche echt poetischen Werte dagegen, die abseits vom
Lärm und zurückgedrängt vom Erfolg des Tages in
der Stille gereift sind, mögen erst im Lauf der kommen=
den Jahrzehnte sich ans Tageslicht ringen. Ueber einige
für die Zeit charakteristischen Erscheinungen ist freilich ein
ausreichendes Urteil heute schon möglich. Darunter sind
einige Dichter, die äußerlich zur „Moderne" gerechnet
wurden oder sich selbst zu ihr hielten, vielleicht auch zeit=
weilig ihr Zugeständnisse in ihren Werken machten —
die aber doch im Grund ihres Wesens nicht zu ihr, auch
dem natürlichen Alter nach zu einer älteren Generation
gehörten. Hier sind die Brüder Heinrich und Julius

Hart zu nennen, obwohl ihre poetischen Leistungen zur
Zeit noch weniger sicher einzuschätzen sind als ihre kritischen Wirkungen; dann der in seiner Art originelle, aber
etwas unsicher experimentierende Wolfgang Kirchbach;
endlich die bedeutendste und gesündeste Erzählerin unter
den schreibenden Frauen, Marie von Ebner-Eschenbach. In gewissem Sinn gehört sogar Detlev von Liliencron hieher, obwohl er mit der Zeit als die eigentliche
lyrische Größe der Moderne gefeiert wurde und sich feiern
ließ; jedenfalls aber gehört hieher der wiederholt mit
dem Schillerpreis gekrönte, enthusiastisch gefeierte und
wieder bitter verhöhnte Dramatiker Ernst von Wildenbruch. Wildenbruch ist im Jahr 1845 geboren, also
bedeutend älter als die meisten der Modernen, die mit
wenigen Ausnahmen frühestens in den sechziger Jahren
das Licht der Welt erblickt haben; er gehört jener Generation an, deren poetische Talente, eingeklemmt zwischen
die erste Entartung nach dem Kriege und die Ellenbogen-
stöße der Litteraturrevolution, am wenigsten in der modernen Litteraturentwickelung zum Worte gekommen sind.
Wildenbruch brachte in die Litteratur noch die ganze Begeisterung des Geschlechtes mit, das mit schon reiferem
jugendlichem Bewußtsein die Entstehung des neuen
deutschen Reiches begrüßt hat; aber in der Lindauischen
Zeit wollte niemand etwas von ihm wissen als ein Kreis
von Berliner Studenten, die verehrend zu ihm als dem
Aelteren aufschauten; ihnen war es mittelbar zu danken,
daß im Jahr 1881 zuerst Wildenbruchs „Karolinger" in
Meiningen und Berlin auf die Bühne kamen, dann 1882
hintereinander sein „Harold", „Der Mennonit", „Väter
und Söhne" — und nun galt er auf einmal als der

erſehnte große Dramatiker, dem man des Erfolges wegen
ſogar aus den Kreiſen Lindauiſcher Geiſtesrichtung Geltung
zubilligte. Auf Wildenbruchs Gewöhnung, ſich als Aelterer
an der Spiße von einem Häuflein Junger zu ſehen, mag
es zurückzuführen ſein, daß er mit Wolfgang Kirchbach
und den Brüdern Hart unter den jungen Revolutionären
erſchien; von da an wurde er zu ihnen gerechnet und
hielt auch äußerlich zu ihnen. Es half ihm aber auf die
Dauer nichts, daß er am Anfang der neunziger Jahre in
ſeiner „Haubenlerche", ſeinem „Meiſter Balzer" und
einigen Romanen ſogar ſeine Natur verleugnete und dem
zur Herrſchaft gekommenen Naturalismus Zugeſtändniſſe
machte: er wurde ſchließlich von den Jungen doch zum
alten Eiſen geworfen, wegen ſeiner Hohenzollerndramen
als „königlich preußiſcher Hofpoet" verſpottet, und als
er im Jahr 1896 zum zweitenmal den Schillerpreis und
diesmal doppelt erhielt, war das Echo ein wüſter Lärm
der Parteigänger Sudermanns und Hauptmanns; für die,
welche heute noch das Banner „der Moderne" hochzu=
halten ſuchen, gilt er als abgethan. Es iſt lehrreich, ſich
dieſe Geſchichte des Dichters Wildenbruch zu vergegen=
wärtigen: ſie iſt in mehr als einer Beziehung bezeichnend
für modernes Litteraturweſen und =unweſen. Betrachtet
man aber Wildenbruch unbeirrt vom litterariſchen Partei=
treiben, ſo wirkt er unter den neueſten Dramatikern er=
freulich ſchon deswegen, weil es ſich in ſeinen Dramen
doch auch noch um „der Menſchheit große Gegenſtände"
handelt, anſtatt um den kleinen ſocialen Jammer der
Gegenwart, weil da noch „um Herrſchaft und um Freiheit
wird gerungen", weil etwas vom „Kampf gewaltiger Na=
turen" zu verſpüren iſt, wenn auch nicht immer in der

höchsten Bedeutung des Wortes. Was man sonst bei den
modernen Dramen vermißt, findet sich hier: ein kräftiger
Zug ins Große und Weite; leider ist dieser Zug doch
nicht immer nachhaltig genug, um das ganze Drama auf
die Höhe hinaufzureißen, die meist in einem kräftigen
ersten Akt in Aussicht gestellt wird. Am stärksten wirkt
Wildenbruch in den genannten Dramen aus seiner früheren
Zeit, denen sich sein „Christopher Marlowe" anschließt;
vom „neuen Gebot" an war ein Nachlassen zu verspüren,
und trotz der starken theatralischen Wirkungen, die von
den „Quitzows" und anderen Hohenzollerndramen aus=
gingen, war in ihnen doch eine Lockerung der dramatischen
Komposition zu bemerken, auch verengte sich das Nationale
ins Preußische, obwohl der Dichter das Preußische zum
Nationalen erweitern wollte. Auch in den späteren Hein=
richsdramen verliert sich die dramatische Konzentration
allzusehr in die Weite und Breite des Stoffes, wofür
dann um so mehr theatralische Einzelwirkungen betont wer=
den müssen. Es könnte scheinen, als ob die naturalisti=
schen Experimente, die Wildenbruch zwischenhinein gemacht
hat, ihm manches von seiner früheren Sicherheit geraubt
hätten. Aber trotzdem bleibt Wildenbruch eine der vor=
nehmeren Erscheinungen in der wenig vornehmen Litteratur
der letzten Jahrzehnte, und wenn er auch nicht der große
erlösende Dramatiker war, als den man ihn eine Zeit
lang gepriesen hat, so steht er doch weit über dem häß=
lichen Hohn und Spott, mit dem ihn die Parteiwut nach=
her verfolgt hat, und jener Zug ins Große verdient neben
dem herrschenden Zug ins Kleine alle Schätzung und
Anerkennung. Uebrigens haben wir von Wildenbruch auch
eine Anzahl gediegener kleiner Erzählungen, und unter

feinen lyrischen Dichtungen findet sich zwar manches Harte und Spröde, aber auch manches kraftvoll Gedrungene.

Noch ein Jahr älter als Wildenbruch ist Detlev von Liliencron, der von den Jüngsten als ihr eigentliches Haupt verehrte, oft förmlich verhimmelte, mit unzähligen Bücherwidmungen begrüßte und besungene Lyriker. Obwohl auch er eigentlich einem älteren Geschlecht angehört, ist er doch erst in die Litteratur eingetreten, als „die Moderne" bereits im Aufgehen war, ja er hat kurz vorher überhaupt erst zu dichten angefangen. Im Jahr 1883, also unmittelbar vor der „Litteraturrevolution", erschien seine Sammlung „Adjutantenritte und andere Gedichte" — sie ist wohl auch seine beste Leistung geblieben und zeigt seine ursprüngliche Art am deutlichsten. Er ist unzweifelhaft ein Lyriker, der über den Durchschnitt hervorragt; aber daß man gar so viel Wesens aus ihm gemacht hat, ihn als einen der größten Lyriker aller Zeiten, jedenfalls als das eigentliche lyrische Genie der neueren Zeit gepriesen hat, erklärt sich doch vorzugsweise aus dem steten Bedürfnis der Jungen nach einem Häuptling oder Messias, etwa auch noch aus dem Umstand, daß Liliencron allmählich immer mehr ins gewöhnliche Fahrwasser der „Moderne" geriet. Was man an ihm so besonders rühmte, daß seine Gedichte immer den Stempel des Erlebten tragen, daß sie von großer Anschaulichkeit seien und das Charakteristische an Menschen und Dingen und Stimmungen herauszustellen wissen, das ist im Grund unerläßliches Erfordernis für jeden Lyriker, der über den Durchschnitt herausragen soll und nur einigermaßen realistisches Blut in den Adern hat. Den Stempel des Erlebten trägt Liliencrons Lyrik allerdings, nur in einer

faſt zu aufbringlicher Weiſe; daß der Mann ſchon etwas
erlebt hatte, kein grüner Junge mehr war, als er mit
Gedichten kam, merkte man allerdings ſofort. Und ſein
Lebenselement war nicht bloß das Leben der Großſtadt,
ſondern viel mehr das Leben draußen, wo noch einfachere
Natur iſt, das Leben in Wald und Feld, auf Pürſch-
gängen durch Heide und Holz, das Leben des Offiziers
in kleinen Garniſonen, das Leben im Kriege und in der
Fremde. Aus dieſem Leben heraus gelangen ihm allerlei
ſcharf charakteriſtiſch hingeſtellte Vorgangs- und Stim-
mungsbilder, kleinere und größere Balladen, klar entwickelte Naturbilder; es iſt eine flotte, kecke, ſchneidige,
perſönliche Art, mit der das alles oft nur ſo leicht hin-
geſetzt iſt, und der Rhythmus zeigt eine um die Schul-
regeln der klaſſiciſtiſchen Proſodie unbekümmerte Sicherheit und Beweglichkeit, die erfriſchend wirkt. Aber der
Charakter des Erlebten wird auch — und das war's wohl
hauptſächlich, was den Jungen ſo gefiel — wieder gar zu
ſehr betont, zu ausdrücklich unterſtrichen, ſelbſt da und
gerade da, wo es ſich lediglich um Phantaſieerlebniſſe
handelt und um das, was man Liliencrons Romantik genannt hat; er renommiert zuweilen damit und dann um
ſo mehr, je mehr es geeignet iſt, der Sitte und Konvention
Hohn zu ſprechen. Das verletzt und verſtimmt nicht ſelten
und thut es doppelt, wenn es ins prahleriſche und ab-
ſichtliche Auskramen von wilden und regelloſen Liebes-
abenteuern geht; und das haben ihm ſeine Schüler und
Verehrer bis ins Widrige hinein nachgemacht. Anfangs
war das bei Liliencron ſelbſt noch ziemlich naiv, aber allmählich iſt er, im „Heidegänger“ und ſonſt, in einen
Ton verfallen, der ihn in bedenkliche Nähe mit den wider-

wärtigsten Jüngsten brachte; und Hand in Hand damit
ging auch eine allmähliche Verwilderung der Form. Auch
Liliencron ist eines der Beispiele davon, wie die Partei-
und Reklamewirtschaft der modernen Litteratur ihre eigenen
Talente schädigt.

Von dem Schwarm der Jungen und Jüngsten aber,
die mit so lauter Stimme die neue Litteratur ankündigten,
ist schon heute nicht viel mehr zu melden; die Größen
der „modernen Dichtercharaktere" und ihrer Nachläufer
sind rasch zusammengeschrumpft, und ihre Leistungen haben
weit nicht den Verheißungen entsprochen. Einer der kräf-
tigsten und gesündesten unter ihnen war noch der Lyriker
Karl Henkell, der sich gewissermaßen als den geistigen
Urheber der „Litteraturrevolution" betrachtete; und eine
gewisse sonderbare Originalität dürfen Arno Holz und
Johannes Schlaf beanspruchen, die sich unter dem
gemeinsamen, skandinavisch klingenden Namen „Bjarne P.
Holmson" zum Dichten und Theoretisieren zusammengethan
haben. Sie waren die verranntesten Verkündiger des
Naturalismus, haben seine Aesthetik zu begründen gesucht,
und auf diese Aesthetik, so kindlich oder verdreht sie ist,
hat Gerhart Hauptmann sich seinerzeit eingeschworen —
dem Bjarne P. Holmson als dem „konsequentesten Realisten" hat er sein erstes Drama gewidmet. — Weitere
und breitere Wirkungen auf das große Publikum hat
keine dieser und verwandter Erscheinungen aus der „Moderne" gethan; im wesentlichen blieb das alles auf die
engeren litterarischen Kreise beschränkt, so wichtig es auch
in diesen genommen wurde. Die Masse der Gebildeten
vergnügte sich noch lange an den Erzeugnissen der siebziger Jahre, die Minderheit der ernsteren Bildung be-

freundete sich langsam mit den Dichtern des älteren poetischen Realismus, auch die ausländischen Muster „der Moderne", namentlich Zola und Ibsen, machten beim Publikum mehr Aufsehen als ihre lauten deutschen Nachahmer.
Von den Modernen im engeren Sinn kamen nur wenige
zu Einfluß und Geltung in weiteren Kreisen, nachdem
es ihnen gelungen war, sich auf der Bühne festzusetzen:
außer dem leichten und nieblichen, aber ganz untiefen
Ludwig Fulda, der geradesogut in den siebziger Jahren
seine Erfolge hätte gewinnen können, war es vor allem
Sudermann mit seiner blendenden Theatralik und Hauptmann, der einzig bedeutende aber auf die Dauer doch
nicht konsequente Vertreter des „konsequenten Naturalismus". Beide können als typische Erscheinungen gelten
sowohl für den Stand der deutschen Litteratur am Ende
des Jahrhunderts als für den um diese Zeit herrschenden
Geschmack.

Hermann Sudermanns große Erfolge offen-
barten so deutlich, wie nur möglich, welcher Art eigentlich
der herrschende deutsche Geschmack um 1890 geworden
war. Vom Naturalismus als einem formellen Kunstprincip
nahm Sudermann nicht mehr, als dem Formgeschmack des
aus der Schule von Lindau und Ebers kommenden
Publikums gerade noch behagen konnte — ja nicht mehr,
ja keine Schroffheiten in der Art Hauptmanns; weniger
an Zola, Ibsen und die Russen schloß er sich in dieser
Beziehung an, als vielmehr an die Franzosen, bei denen
auch die Lindau, Blumenthal, Lubliner ihre Technik gelernt hatten, an Dumas, Sardou, Augier und andere.
Was er von der naturalistischen Richtung der „Moderne"
aufnahm, waren mehr gewisse Sachlichkeiten, die alltäg-

liche sogenannte „Aktualität" socialer Stoffe, die Vorliebe
für allerlei Entartungserscheinungen, fürs schon Zersetzte
oder Angefaulte, die kecke Rücksichtslosigkeit in der Vorführung des ethisch Bedenklichen oder Verletzenden. In
einer geschickten und namentlich theatralisch wirksamen
Verbindung älterer und bereits erprobter Effekte mit neuaufgekommenen Gebärden des Naturalismus liegt das Ge-
heimnis der Erfolge Sudermanns; den Fäulnisgeruch
erkrankter Kultur zu parfümieren, daß das Publikum ihn
einatmete, ohne ihn zu merken, das hat nicht leicht einer
so wirkungsvoll zu stande gebracht wie er. Die Haltung
des Anklägers, die er dabei ähnlich wie Zola annahm,
mochte persönlich ernst gemeint sein, aber die Untiefe seiner
Weltanschauung, die im Grund nur Gesellschaftsanschauung
ist, brachte den Ankläger in bedenkliche Nähe des Ver-
teidigers. Und wenn er auch im Drama altbewährte
Kompositionsgesetze soweit festhielt, daß er nicht in die
undramatische bloße Zustandsschilderung des Naturalismus verfiel, vielmehr eine wirksame Zuspitzung dramatischer Konflikte erzielte, so veräußerlichte er doch das
Dramatische gerade soweit ins Theatralische, als es der
Erfolg beim Durchschnitt des Theaterpublikums verlangt,
er vermochte seine Konflikte nicht zu vertiefen und an
ihrer Lösung scheiterte er regelmäßig. — Auch wer Sudermann im übrigen kritisch preisgiebt, pflegt noch seinen
ersten Roman „Frau Sorge" zu retten; dieser stellt allerdings noch seine gesündeste Arbeit dar, obwohl auch hier
schon die Neigung zum sensationellen Effekt nicht zu verkennen ist, und obwohl, wer seine vorher erschienenen
französelnden Skizzen „Im Zwielicht" gelesen hatte, schon
einen ausgesprochenen Fäulnisgeschmack auf der Zunge

mitbrachte. Aber nicht auf „Frau Sorge" beruhten Suder=
manns Erfolge, und schon sein zweiter, vielgelesener Ro=
man „Der Katzensteg" zeigt deutlich einige seiner übelsten
Neigungen: gequälte Voraussetzungen und die Sucht, durch
peinlich schwüle Situationen zugespitzte Effekte zu er=
reichen; und wenn etwa sein späterer Roman „Es war"
darstellen sollte, wie der Fluch vergangener Sünde gerade
den kraftvollen Menschen nicht loslasse und zu neuer
Sünde treibe, so wirkt doch die Gewissensbrutalität, mit
der der Held diesen Fluch in seinen Willen aufnimmt, so
abstoßend wie sein ganzes vermeintliches Uebermenschen=
tum. Von den raffinierten Brutalitäten der kleineren
Erzählungen Sudermanns nicht zu reden! Doch hätte
man sich um den Erzähler Sudermann wohl überhaupt
nur mäßig gekümmert, wenn nicht inzwischen der Erfolg
seiner Dramen ihn zur Tagesberühmtheit gemacht hätte.
„Die Ehre" hatte um 1890 diesen Erfolg begründet und
zugleich gezeigt, was Sudermann kann und was er nicht
kann. Es ist ein Thesenstück nach französischem Muster
mit etwas naturalistischem Aufputz; die These ist ganz
oberflächlich gestellt und wird von dem Raisonneur des
Stückes ebenso oberflächlich erörtert, aber keineswegs dra=
matisch bewiesen: nicht wirkliche Ehre steht der Schein=
ehre gegenüber, sondern die sogenannte Ehre ist hüben und
drüben gleich hohl und brüchig, und die Moral, die daraus
gezogen wird, es gebe gar keine Ehre, die Ehre sei die
Pflicht — ist nichts als eine schülerhafte Begriffsver=
wirrung. Aber der in den gegebenen Verhältnissen liegende
Konflikt ist theatralisch wirksam zugespitzt, die geschickte
Darstellung des Milieu im Vorderhaus und Hinterhaus
interessierte das großstädtische Publikum, und der Teil

dieses Publikums, dem's ohnedies bei strengen Ehrbegriffen
unbehaglich ist, fühlte sich sehr erleichtert — so war der
Erfolg des Stückes schnell gemacht, und als er einmal da
war, merkte das Publikum nicht mehr, wie unfähig sich
Sudermann erwiesen hatte, die abstrakte These zum wirklichen Lebensproblem zu vertiefen, den Konflikt in die
Totalität des Lebens zu gründen und übers bloß Theatralische ins Dramatische zu führen. Sein zweites Drama
„Sodoms Ende" war mehr sociales Anklagestück als Thesenstück, es sollte zeigen, wie ein künstlerisches Genie an der
verlotterten Gesellschaft zu Grunde gehen müsse; nur war
der Maler Willy Janikow kein Genie sondern ein bloßer
Lump, und die Gesellschaft in den Salons der Frau
Aday nicht „die" Gesellschaft, sondern ein bloßer Ausschnitt
aus ihr, der Abschaum des Berliner Protzentums und
seiner Parasiten. Damit war von vornherein das ganze
Problem verschoben und einer tragischen Wendung des
Konflikts der Weg versperrt; und die Anklage traf höchstens
soweit zu, als das Berliner Litteratur- und Kunsttreiben
sich zeitweilig von jener Sodomsgesellschaft hat vergiften
lassen. Uebrigens verschloß die Brutalität, mit der das
Aeußerste an sittlicher Verlumpung nicht bloß gelegentlich in der Milieudarstellung verwendet sondern zum
theatralischen Effekt zugespitzt war, dem Drama längere
Zeit die Bühne. Um so mehr hat dann Sudermann wieder
den Bühenerfolg gewonnen mit seiner „Heimat" — einen
Riesenerfolg über Deutschland hinaus, der freilich ganz
im umgekehrten Verhältnis zum inneren Wert des Stückes
steht und lediglich darauf sich gründet, daß die Haupt-
rolle, die der Magda, als echte und gerechte Theaterrolle
temperamentvollen Schauspielerinnen Gelegenheit giebt, ihr

Licht leuchten zu lassen. Von einem Weltanschauungs=
konflikt, der angeblich in dem Drama enthalten sein soll,
ist keine Rede, es sind nur zwei enge und oberflache Ge=
sellschaftsanschauungen, die da aufeinandertreffen, und nicht
einmal ihr Konflikt kommt zu wirklichem innerem Aus=
trag. Theater ist alles, Theater im engen und übeln
Sinn, und dies berühmteste Drama Sudermanns läßt be=
sonders deutlich sehen, daß seine dramatischen Charaktere
nichts sind als flache Gesellschaftsmenschen, von der Ober=
fläche gewisser Gesellschaftsschichten abgelöst, unfähig, etwas
im tieferen Sinn Dramatisches oder gar Tragisches zu er=
leben, nur geeignet, in effektvollen Theaterkonflikten eine
Weile gegeneinander geführt zu werden. Nach dem Er=
folge der „Heimat“ wollte es Sudermann auch mit der
Komödie probieren und schrieb die „Schmetterlings=
schlacht“; diesmal war es die Gesellschaftsschichte der klein=
bürgerlichen Beamten= und Kaufmannskreise in der Groß=
stadt, welche mit ihren Gesellschaftsanschauungen und Ehr=
begriffen in Scene gesetzt wurde. Aeußerlich technisch war
das Stück besser gemacht, als die Kritik gelten lassen wollte,
aber innerlich ist es ein verdrießliches, unlustiges Ding
— auch die leichten Ansätze zum Humor kommen nicht
auf in der muffigen, unguten Stickluft des Kümmerlichen
und Frivolen, die über allem liegt und durch billige
Rühreffekte nicht verbessert wird. Es folgte „Das Glück
im Winkel“, eine Art Dramatisierung von Motiven aus
„Es war“: der ostelbische Junker Uebermensch mußte auch
auf der Bühne seine Kraft darin zeigen, daß er jenseits
von Gut und Böse sündigen und die Sünde wiederholen
will — es gelingt ihm nicht und am Ende des Dramas
steht alles, wie es war, nur daß man mehr den Winkel

sieht als das Glück und sich vergeblich fragt, wiefern der
ganze Apparat aus Nietzsche nötig sei, um einen ganz ge-
wöhnlichen brutalen Genußmenschen kraftmeierisch zum
Uebermenschen aufzublähen. Hierauf band Sudermann drei
Einakter zu einem „abendfüllenden“ Ganzen zusammen
und nannte es „Morituri“ — man erfuhr daraus nichts
Neues über den Verfasser, als daß er auch einen Einakter wie „Fritzchen“ technisch gut zu machen verstehe.
Aber nun kam ja eine „Tragödie in fünf Akten mit
einem Vorspiel“ — der „Johannes“. Nach der riesigen
Reklame, die für diese Tragödie gemacht wurde, durfte
man begierig sein, ob nun Sudermann auch einmal den
dramatischen Dichter herauskehren werde an Stelle des
bloßen Theatralikers, ob er werde tragisch wirken können,
statt nur betrübte gesellschaftliche Entartungen darzustellen.
Obwohl man wenig Hoffnung hatte, man hätte sich doch
ehrlich gefreut; aber es war nichts. Ein anderes Gewand,
aber derselbe Sudermann! Eine bedauerliche Verengung
großer historischer Konflikte, die alte Schiefheit und Oberflächlichkeit in der Führung der Konflikte selbst, die alte
Unfähigkeit für eine große Weltanschauung und weite
Horizonte. Die Hauptsache ist die Herodesfamilie und
ihre Entartung — zieht man das Kostüm ab, so bleibt
die Gesellschaft von „Sodoms Ende“, und der Täufer
Johannes muß den Namen und die scheinbare Horizont-
erweiterung dazu geben, ist aber trotz seines härenen Ge-
wandes ein konfuser moderner Woller und Nichtkönner,
der nicht einmal die verschiedenen Begriffe des Wortes
Liebe auseinanderhalten kann. Und dann folgten dem
„Johannes“ die „drei Reiherfedern“, statt mit der Geschichte versuchte es Sudermann mit dem inzwischen

liebt gewordenen Märchen, aber es half nichts, troß der
Verse. Der Prinz Witte war wieder nichts als ein mo=
derner Schwächling im nordischen Reckenkostüm, der nach
dem Uebermenschen schielt aber das einfach Menschliche
nicht klar sehen und wollen kann. An der Wende des
Jahrhunderts fiel denn auch Sudermann mit seinem
„Johannisfeuer" wieder ganz in seinen ursprünglichen
Ton zurück und zeigte noch einmal mit wünschenswertester
Deutlichkeit, welch feige Sklavennatur in seinen angeb=
lichen Herrennaturen steckt, wie unfähig er fürs Tragische
ist und mit welcher ethischen Urteilsunfähigkeit seine un=
tiefe Lebensauffassung gepaart ist. Sein Publikum hat er
trotzdem bis zum Ende des Jahrhunderts gefunden, und
das meiste, was im letzten Jahrzehnt den lauten Erfolg
des Tages einheimste, war entweder noch vom Schlage
des Modedramas der siebziger Jahre oder aus der geistigen
Verwandtschaft Sudermanns. Auch Dramatiker wie Max
Halbe, die allmählich aus dem Bannkreis dieser Ver=
wandtschaft herauszukommen suchten, sind, bis jetzt wenig=
stens, an höheren Aufgaben gescheitert.

Ein ganz anderes Bild des Modernen stellt sich in
Gerhart Hauptmann dar, schon insofern, als dieser
eine innere Entwickelung zeigt, während Sudermann in
jedem Gewande derselbe ist; deswegen läßt sich auch über
den 1857 geborenen Sudermann das Urteil so ziemlich
abschließen, während sich noch nicht mit Sicherheit sagen
läßt, wie sich der fünf Jahre jüngere Hauptmann noch
weiter entwickeln wird. Sodann aber ist der Naturalismus
bei Hauptmann nicht wie bei Sudermann etwas Zufälliges
und Beiläufiges, sondern Hauptmann ist recht eigentlich
der bedeutendste Vertreter des Naturalismus als eines

Kunstprincips und hat als solcher in lehrreicher Weise
gezeigt, was der Naturalismus in der Poesie und besonders im Drama leisten kann und was nicht. Denn ein
Dichter ist Hauptmann trotz all seiner Irrgänge im Grunde
doch. Er trat im Jahr 1889 in die Litteratur ein als
theoretisch völlig überzeugter, grundsätzlicher Naturalist,
und seine ganze Entwickelung hat sich bisher hin und her
bewegt zwischen dem Streben, das Recht dieser Aesthetik
poetisch=praktisch zu erweisen — und den Versuchen seiner
Natur, sich aus der Enge dieser Aesthetik zu befreien.
Sein erstes Drama „Vor Sonnenaufgang" rief außerhalb
der naturalistischen Kreise zunächst nur Entsetzen und Ab-
scheu hervor, war aber insofern bemerkenswert, als es alle
Elemente des Naturalismus in allerdings „konsequenter"
Weise bei einander zeigte: als Stoff die physische und
moralische Verkommenheit, in einer einzigen Familie zum
Berg angehäuft wie nur je bei Zola — ein pessimistisches
Pochen auf die Vererbungstheorie wie nur irgendwo bei
Ibsen — Durchführung der Milieudarstellung bis ins
Einzelste und Peinlichste trotz Dostojewsky — dazu die
unter der naturalistischen Jugend damals eingedrungene
Tendenz gegen den Alkohol und die in diesen Kreisen
ebenfalls häufige Ueberzeugung, daß Gesundheit nur etwa
noch bei der Socialdemokratie zu finden sei — dramaturgisch betrachtet aber der Verzicht auf Handlung und
Komposition im dramatischen Sinn, Darstellung von Zuständen in kaum merklicher Bewegung, Abbrechen des
Konfliktes ohne innere Lösung. Dahinter spürte man
freilich einen Dichter, der so viel, als er will, auch wirklich kann und vielleicht noch mehr könnte; die brutale
Härte, mit der eine abstoßende Wirklichkeit hingestellt war,

verriet kein Haschen nach Theatereffekten oder pikanten
Reizen, sondern nur die grausame Konsequenz der engen
naturalistischen Theorie, und daß hier kein Behagen an der
Verkommenheit walte, sondern ein angstvolles Ringen
nach Gesundheit, war unverkennbar. Aber ebenso unver=
kennbar war der doktrinäre pessimistische Eigensinn, der
die Möglichkeiten der Gesundung, die in dem Charakter
der Helene lagen, nicht aufkommen ließ — und ebenso=
wenig die Möglichkeiten eines tragischen Konfliktes, der
nicht nur in Helene sondern auch in Loth hätte gelegt
werden können, wenn ihn der Dichter nur etwas mensch=
licher gebildet, nur nicht bloß zum dünkelhaften Principien=
reiter gemacht hätte. Aber das wäre schon mehr „Idealis=
mus" gewesen, schon mehr ein Schaffen von innen her=
aus, aus dem Ganzen einer Weltanschauung, als der
„konsequente" Naturalismus gestattet hätte, der nur das
beobachtete Einzelne der Wirklichkeit schroff nebeneinander=
zusetzen und ohne tiefere innere Vermittlung oder gar
Versöhnung zusammenzustellen erlaubte. Als der Pedant
einer neuaufgekommenen Theorie, der den Dichter unter=
drückte, führte sich Hauptmann in die Litteratur ein, und
als solcher zeigte er sich auch noch in seinem zweiten
Drama „Das Friedensfest": zwar steigert sich hier die
Sehnsucht nach dem Herauskommen aus der Verkümmerung
bis zu einem Schimmer von Hoffnung — in der Gestalt
der Ida winkt etwas wie zukünftige Lebenserneuerung;
aber auch die naturalistische Zustandsdarstellung mit ihrem
undramatischen Hinschleichen steigert sich bis zum Oeden
und Verdrießlichen. Mehr dramatische Spannkraft wies
das nächste Drama „Einsame Menschen" auf: hier schien
ein Nachlassen des schroffsten Naturalismus bemerkbar,

Hauptmann arbeitete mehr im Stile Ibsens und brachte ein geschlossenes Ganzes mit bestimmt geführter Handlung, erkennbarer dramatischer Bewegung der Charaktere und einem gewissen Abschluß. Aber der Gehalt des Dramas war um so unerquicklicher, weil hier der robuste Naturalist in seinem Johannes Vokerath der genialitätssüchtigen Männerschwächlichkeit der Zeit den Zoll entrichtete; wenn er eine schneidende Satire auf die unmännliche Willensschlappheit und Gehirnüberreizung moderner Großmannssucht hätte schreiben wollen und etwa noch zeigen wollen, wie sich dieses Männergeschlecht mit den „differenzierten Nerven" neben der „neuen Frau" so ärmlich ausnimmt und alle Thorheiten des modernen Frauentreibens begreiflich erscheinen läßt — die Satire wäre nicht übel gewesen. Aber er hat's leider tragisch gemeint, und dazu reichte dieses Unwesen nicht. Nun aber schwang er sich auf einmal wieder auf das schnaubende Schlachtroß des socialistisch gerichteten Naturalismus und brachte seine „Weber". Mit ihnen zog er vollends die letzte Konsequenz der naturalistischen Theorie in ihrer Anwendung auf das Drama: nicht nur Handlung und Komposition im bisherigen dramatischen Sinn lösten sich hier in Milieu- und Zustandsdarstellung auf — das Drama hatte auch keinen „Helden" mehr, d. h. es drehte sich nicht mehr um die Willenskonflikte des Einzelmenschen, der ja trotzdem noch der poetische Vertreter eines Ganzen sein kann, sondern die Massen entwickeln ihr Massenelend vor dem Zuschauer, rein zuständlich, wie eben Massenelendskonflikte sind, ohne bestimmte Umgrenzung des Konflikts, ohne bestimmten dramatischen Einsatzpunkt und Endpunkt. Damit ist ganz korrekt die äußerste Konsequen:

in Uebertragung der Milieutechnik vom Roman auf das
Drama gezogen, aber auch die Frage gestellt, ob hiemit
nicht das Drama als Drama aufgehoben sei. Als sociales
Anklagestück haben die „Weber" die stärkste Wirkung gethan, eine unbedingt hervorragende Stellung unter der
ganzen modernen Anklage- und Elendslitteratur nimmt
diese naturalistische Dramatisierung des schlesischen Weber-
aufstandes von 1844 jedenfalls ein, und für Hauptmann
selbst bedeutet es den Höhepunkt seiner naturalistischen
Dichtung auch insofern, als man in dem leidenschaftlichen
Sausen und Wehen, das durch die „Weber" geht, doch
deutlich verspürt, wie der Dichter nicht bloß als Beobachter außer der Sache, sondern mit seiner ganzen Persönlichkeit i n der Sache ist. Nur öffnet sich kein Horizont
ü b e r die Sache hinaus, nicht einmal für den grimmigsten
Socialdemokraten, es bleibt alles im Banne bewegungs-
loser Zuständlichkeit in enger Umgrenzung, es giebt keinen
Ausblick ins Ganze des Lebens, es ist auf gut Zolaisch
nur ein „coin", gesehen durch Hauptmanns Temperament.
Und so erwies sich Hauptmann gerade in der aller-
konsequentesten Leistung seines Naturalismus zwar als
einen Dichter aber als einen irren Dramatiker, als eine
Persönlichkeit aber nicht als einen weiten Geist, als einen
scharfen Beobachter und Lebensdarsteller im Engen und
Begrenzten aber nicht als den Träger einer großen Weltanschauung. Eine ganz überraschende Wendung aber nahm
er auf einmal in zwei Komödien „Kollege Crampton"
und „Der Biberpelz". Nicht als ob er die naturalistische
Technik hier schon aufgegeben hätte, aber er zeigte auf
einmal Humor, was sonst bei den Naturalisten ein rarer
Artikel ist; dieser Humor bleibt zwar im „Kollegen Cramp-

ton" noch ziemlich latent, schlägt erst am Schluß des „Biberpelzes" mit überwältigender Komik heraus, aber er ist da und erschaut sich echte Komödienkonflikte, wenn ihre Ausführung im einzelnen auch noch stark überwuchert ist von pedantischer, wenn auch in ihrer Art meisterhafter Milieudarstellung. Diese Wendung Hauptmanns gab ent- schieden zu hoffen, nicht nur für die Komödie, die in Deutschland so ärmlich bestellt ist, sondern auch weil man von einem ernsten Menschen, der Humor hat, hoffen kann, daß er auch noch einmal über die bloße Elendsdarstellung zum Tragischen komme. Bis jetzt freilich ist Hauptmann auf diesem Wege nicht viel weiter gekommen, auch mit seiner neuesten Komödie „Schluck und Jau" nicht. Auf den „Biberpelz" folgte das „Hannele" und kündigte zu- nächst eine Stilwendung an, allerdings noch in unsicherem Tasten, in einer im ganzen ungenießbaren äußerlichen Verbindung von krassen Elends- und Gemeinheitsschilde- rungen und theatermäßig aufgestutzter Vorführung einer innerlich ungesunden und unwahren religiösen Sentimen- talität, die von echter und volkstümlicher Religiosität sich weit unterscheidet. Aber Hauptmann fing hier doch an, mit anderen als eng naturalistischen Mitteln zu wirken, die Phantasie von der baren Wirklichkeit frei zu machen und überdies noch eine Dichtereigenschaft herauszulassen, die er bisher wie absichtlich zurückgedrängt hatte, seine lyrische Begabung und seine Verskunst. Ehe er aber damit weiterging, machte er noch einmal ein extrem naturalistisches Experiment in seinem „Florian Geyer": das Princip des Naturalismus auf einen weit zurückliegenden historischen Stoff anzuwenden. Es lag in der Natur der Sache, daß *dieser Versuch trotz unsäglichen Fleißes*

und zwar nicht nur im Stil, sondern auch in der Führung
der Handlung, die völlig in die Zwischenakte fällt und
ganz episch ist, während die Akte selbst wieder nur mit
Zustandsschilderungen angefüllt sind. Mit diesem „Florian
Geyer" erlebte Hauptmann auch äußerlich einen gründ=
lichen und niederschlagenden Mißerfolg, während sein
„Hannele" vorher beim größeren Publikum Effekt gemacht
hatte. Und nun schien es, als ob Hauptmann in Zorn
und Verzweiflung über diesen offenbaren Bankerott seines
theoretischen Naturalismus seine besten dichterischen Kräfte
aus der Theorie frei machen wollte. Denn seine „Ver=
sunkene Glocke" war doch nicht bloß eine Konzession an
die inzwischen durch Fulda und andere aufgebrachte Mär=
chenmode oder an die Theatralik Sudermanns; die Wen=
dung, die Hauptmann hier nahm, lag doch wohl tiefer
begründet. Vor allem spürt man hier deutlich eine ganz
persönliche Lebensstimmung, die dichterisch heraus mußte.
„Im Thale klingt sie, in den Bergen nicht" — dies Wort
des Glockengießers Heinrich von seiner vielgerühmten Glocke
giebt zweifelsohne den Schlüssel: in den Niederungen der
Gegenwarts= und Elendsdarstellung hatte Hauptmanns
naturalistische Kunst ihre Wirkung gethan, als er aber
mit ihr hinauf wollte in die Berge einer freieren Höhen=
luft, zu den großen Horizonten der Geschichte, da versagte
diese Glockenkunst; sollte aber nicht an der Hand allheilen=
der Natur (das soll doch wohl Rautendelein ursprünglich
sein) eine neue höhere Kunst zu gewinnen sein? Solche
persönlich empfundene Lebensstimmung ist doch wohl der
psychologische Untergrund des Werkes, und wenn das so
*ist, so ist hier der Schritt gethan, über die gewollte Kunst
nach einer bestimmten Theorie* — hinauszugehen zum frei

persönlichen dichterischen Schaffen; und es ist die poetische
Erweiterung des Subjektiven, wenn Hauptmann diese persönliche Stimmung auszudehnen sucht zu einer Tragödie
der Künstlerseele und des um eine große Weltanschauung
ringenden Menschengeistes. Auch ist es an sich durchaus
nicht zu tadeln, daß er für den Ausdruck dieses geistigen
Gehaltes über die Erscheinungen des Alltagslebens hinaus-
greift, die mythischen und sagenhaften Gebilde altgermani-
scher Naturanschauung zu verwenden sucht. Eine andere
Frage ist es freilich, wie weit ihm das alles gelungen ist.
Sowie es sich's um die eigentlichen Weltanschauungsfragen
und ihre poetische Veranschaulichung handelt, beginnen
freilich die Unklarheiten und Redensarten, überwuchert
häufig die bloße Deklamation; als dramatischer Willensmensch betrachtet bekommt der Glockengießer allerdings
einen bedenklichen Zug von Johannes Vockerath, die dramatische Handlung spinnt sich gerade an der Peripetie
nicht energisch genug aus seinem innersten Charakterwillen
heraus, und die Katastrophe verläuft ins Sentimentale
und äußerlich Lyrische; auch läßt die verwendete Märchen-
welt oft genug die Kraft und Gesundheit des deutschen
Volksglaubens vermissen, und naturalistische Kniffe drängen
sich im einzelnen noch störend hervor. Aber trotz alledem
ist die „versunkene Glocke" das Werk eines Dichters, auf
wirklich poetischem Wege entstanden und ein Beweis dafür, daß Hauptmann noch etwas anderes können sollte, als
naturalistische Milieudramen zusammensetzen oder dem
Theatereffekt Zugeständnisse machen, an dem es ja freilich
in der „versunkenen Glocke" auch nicht ganz fehlt. Auf
dem „Biberpelz" und der „versunkenen Glocke" ruhte eine
Hoffnung, daß Hauptmann in sich noch einmal etwas

Höheres finden werde als den Virtuosen des Naturalismus und den Häuptling einer vorlauten Litteraturpartei — zumal, da er seine geistigen Wurzeln doch immer noch mehr in seiner schlesischen Heimat als in der Großstadt Berlin hat. Der „Fuhrmann Henschel" von 1899 war freilich geeignet, solche Hoffnungen wieder herabzustimmen: da ist wieder ganz der frühere enge Hauptmann, nur daß er innerhalb dieser Enge die naturalistische Kunst noch feiner ausgebildet hat und von der bloßen Zustandsschilderung jetzt doch mehr nach dramatischer Handlung und Charakterentwickelung strebt; aber sonst ist's wieder die alte traurige Geschichte: kein Horizont und keine Tiefe, nichts tragisch Wirkendes, sondern nur der niederdrückende Eindruck der sattsam bekannten Beobachtung, wie thöricht und kümmerlich sich enge Menschen oft ihr Leben ruinieren — und dazu ein bißchen Rührung aus Religion und Aberglauben. Wenn der „Fuhrmann Henschel" die endgültige Rückkehr Hauptmanns in diese Niederungen bedeuten sollte, dann allerdings müßte man die Hoffnung aufgeben, daß aus ihm noch einmal mehr werde als der talentvollste Vertreter eines engen dramatischen Naturalismus.

Was aber Hauptmann künftig noch leisten möge, als „großen" Dichter hat er sich bisher so wenig erwiesen wie irgend ein anderer aus der „Moderne" — immerhin als ihre bemerkenswerteste Erscheinung, bemerkenswert aber auch insofern, als an ihm förmlich zu studieren ist, wie die Dürre und Engherzigkeit des naturalistischen Princips ein großes, freies, aus dem Ganzen des Lebens schöpfendes Kunstwerk und eine ebensolche Weltanschauung *nicht aufkommen läßt*. Wenn aber ein Hauptmann bis*her am Naturalismus* gescheitert ist, was war von den

kleineren Talenten zu erwarten, die nach seinem Rezept
eine neue Poesie zu schaffen glaubten? Es hat sich ja
schon ein Epigonentum an ihn angeschlossen. Thatsächlich
ist denn auch der Naturalismus mit dem Ende des Jahr=
hunderts auf der ganzen Linie im Rückzug begriffen.
Was aber an seine Stelle gerückt ist und immer noch im
Geiste der Moderne das Heil sucht, ob es sich nun als
Symbolismus oder Aestheticismus oder welchen Ismus
immer oder als allerneueste Romantik ausgebe, ob
es dramatisch, oder lyrisch experimentiere, sich trocken
oder aufgeregt und verrückt gebärde: das steckt teils
immer noch im Banne der Entartung und des Zer=
falls, teils tastet und sucht es noch so unsicher herum,
daß man erst abwarten muß, was etwa noch daraus wird.
Und zum größten Teil leidet es eben auch noch an der
Beschränktheit bloßer Litteratenpoesie, die dem wirklichen
Leben der Nation immer ferner rückt. Daneben macht
sich allerdings etwas stärker geltend, was man neuer=
dings als „Heimatkunst" zu bezeichnen liebt, was nicht
in der Großstadt sondern im gesunden Boden irgend=
welcher deutschen Stammesheimat wurzelt; aber das ist
im Grunde längst im stillen dagewesen, wenn auch von
dem großstädtischen Litteratentum totgeschrieen und tot=
geschwiegen. Auf ihm ruht allerdings ein Stück Genesungs=
hoffnung für unsere poetische Litteratur, und manches von
dieser Art, was nicht erst geschaffen, sondern nur endlich
beachtet zu werden braucht, wird wohl erst die nächste
Zukunft beschäftigen, wenn „die Moderne" vollends gründ=
lich abgewirtschaftet haben wird. — Das Gesamtbild aber,
das diese „Moderne" bietet, ist keineswegs der vermeintlich
Höhepunkt der deutschen Litteratur des Jahrhunderts

dern das Bild eines unverkennbaren Niedergangs von
einer Höhe, die dagewesen war. Aus Entartungszuständen
erwachsen oder in krampfhaftem Ringen mit der Ent=
artung sich verzehrend, durch ausländische Einflüsse um
die nationale Wurzelechtheit gebracht, durch großstädtisches
Litteratentreiben von den lebendigen Quellen des Volks=
lebens abgeschnitten, durch Theorien verholzt und an der
Erfolgsgier krank — hat diese modernste Litteratur zwar
im einzelnen etliche Gewinne für die äußere poetische
Formgebung eingeheimst und etwa noch das Auge für die
Wirklichkeit geschärft, hat aber den Blick in die Tiefe und
ins Ganze verloren, sich in gewaltsamen und ruhelosen
Experimenten verflacht und verzettelt, die ästhetischen Be=
griffe und den Geschmack des Publikums aufs unheilvollste
verwirrt, sogar seine Ethik mannigfach geschädigt und alles
in allem so gut wie nichts hervorgebracht, was Größe
beanspruchen dürfte und dauernde Wirkung verheißen
würde. Die letzten Jahrzehnte des Jahrhunderts waren
im besten Fall von einem Gärungs= und Uebergangs=
prozeß in der Litteratur angefüllt, der als Rückschlag
gegen vorhandene Krankheitserscheinungen und Säfte=
verstockungen im nationalen Kulturorganismus begreif=
lich, zum Teil gerade aus ihnen hervorgegangen ist. Aber
die Gesundung unserer Litteratur muß erst noch kommen,
und die Zeichen der Wiedergenesung sind vorhanden. Nur
liegen sie vorerst weniger im engeren Kreise der eigent=
lichen Litteratur als in neuen Lebensregungen der Nation:
langsam aber sicher vollzieht sich doch eine Erstarkung des
nationalen Willens, der Deutsche hält weitere Umschau in
der Welt, die jetzt neu verteilt wird, und streckt die Hand
nach neuen Zukunftsaufgaben, er beginnt wieder nationale

Ziele ins Auge zu fassen, wie er das in den Jahrzehnten
vor 1870 gethan und nachher eine Zeit lang verlernt hat.
Eine männlichere Art ist wieder im Aufgehen, die mit
größerer Vertiefung in den Heimatboden ein weiteres
Hinausgreifen in das große Weltleben zu verbinden beginnt, und eine andere Jugend scheint allmählich groß-
zuwachsen, als die war, welche „die Moderne" gegründet
hat. Wenn das so fortgeht, so werden wir auch über die
Engbrüstigkeit und weibische Nervosität der jüngsten Litteratur hinauskommen, Gesundung und Kraft des nationalen
Lebens wird der beste Boden sein auch für Gesundung
und Kräftigung unserer Litteratur. Unter allen Umständen
aber wird die vielbesprochene Zukunft der deutschen Poesie
nicht von Theorien abhängen, von Parteien und Tages-
strömungen, sondern von Dichterpersönlichkeiten, die —
wenn auch getragen von einem willenskräftigen, schaffens-
freudigen und ethisch gesunden Leben der Nation — Großes
und Echtes schaffen können aus der selbstherrlichen Kraft
ihres poetischen Genius.

Register zum zweiten Teil.

Alexis (Willibald) 65.
Anzengruber (Ludwig) 113.
Auerbach (Berthold) 65.

Bauernfeld 108.
Baumbach (Rudolf) 112.
Benedix 108.
Blumenthal 107.
Buck (Michel Richard) 72.

Christen (Ada) 125.

Dahn (Felix) 110.
Dichterbuch (Deutsches aus Schwaben) 85.
Dichterbuch (Schwäbisches) [85.
Dostojewsky 141.
Draumor 125.

Ebers (Georg) 109.
Ebner-Eschenbach (Marie v.) 148.

Fischer (J. G.) 88.
Fontane (Theodor) 66.
Freytag (Gustav) 29.
Fulda (Ludwig) 154

Gerok (Karl) 88.
Gotthelf (Jeremias) 36.
Griesebach (Ed.) 124.
Groth (Klaus) 71.

Halbe (Max) 160.
Hamerling (Robert) 96.
Hart (Heinr. u. Julius) 148.
Hauptmann (Gerhart) 160.
Hebbel (Friedrich) 10.
Heimatkunst 169.
Hentell (Karl) 153.
Holz (Arno) 153.

Ibsen 138.
Jensen (Wilhelm) 125.
Jordan (Wilhelm) 57.

Kabelburg 108.
Keller (Gottfried) 87.
Kirchbach (Wolfgang) 148.
Kriegslyrik (von 1870) 98.
Kurz (Hermann) 25.
Kurz (Isolde) 26.

L'Arronge (Ad.) 103.
Liliencron (Detlev v.) 151
Lindau (Paul) 107.
Litteraturrevolution 130.
Lorm (Hieronymus) 124.
Lubliner (Hugo) 107.
Ludwig (Otto) 21.

Meyer (Conr. Ferd.) 50.
Moser 108.

Naturalismus 134.
Nietzsche 143.

Paulus (Eduard) 119.
Pichler (Adolf) 66.

Raabe (Wilhelm) 77.
Raimund 108.
Reuter (Fritz) 73.
Riehl (Wilhelm) 64.
Rosegger (P. K.) 118.

Scheffel (Jos. Viktor) 80.
Scherenberg (Chr. Fr.) 100.
Scherer (Wilhelm) 132.
Schlaf (Johannes) 153.
Schönthan 108.
Schopenhauer 122.
Spielhagen (Fr.) 95.
Stieler (Karl) 72.
Storm (Theodor) 67.
Strauß (Dav. Fr.) 87.
Sudermann (Herm.) 154.

Tolstoi 140.

Vischer (Friedr. Theob.) 85.
Voß (Richard) 125.

Wagner (Christian) 121.
Wagner (Richard) 126.
Weitbrecht (Richard) 74.
Wilbrandt (Adolf) 125.
Wildenbruch (Ernst v.) 148.
Wolff (Julius) 111.

Zola 135.

Verlag der **G. J. Göschen'schen Verlagshandlung** in **Leipzig.**

Ed. Mörike:

Gesammelte Schriften. 4 elegante Leinwandbände. Jeder Band brosch. M. 4.—, eleg. geb. M. 5.—. Bd. I: **Gedichte.** 14. Auflage. Idylle vom Bodensee. Bd. II: **Erzählungen.** 5. Auflage. Hutzelmännlein. Mozart auf der Reise nach Prag u. s. w. Bd. III/IV: **Maler Nolten.** Roman. 4. Auflage. 2 Bände.

Mozart auf der Reise nach Prag. Novelle. 6. Aufl. Vornehmer Leinwandband mit Rotschnitt M. 2.50.

Historie von der schönen Lau. 4° Prachtband M. 5.—. Mit 7 Umrißzeichnungen von **Moritz von Schwind.**

Prinz Emil v. Schönaich=Carolath:

Dichtungen. 5. vermehrte Aufl. M. 3.—, eleg. geb. M. 4.—.

Der Freiherr. — Regulus. — Der Heiland der Tiere. Drei Novellen. In eleg. Geschenkband M. 4.—.

Tauwasser. Novelle. 2. Aufl. M. 3.—, eleg. geb. M. 4.—.

Geschichten aus Moll. 2. Aufl. M. 3.—, eleg. geb. M. 4.—.

Verlag der G. J. Göschen'schen Verlagshandlung in Leipzig.

Ferd. Freiligrath.

Gesammelte Dichtungen. 6. Auflage. 6 Bände.
Brosch. M. 12.—, geb. M. 15.—.

Georg Herwegh.

Gedichte eines Lebendigen. 12. Auflage. Brosch.
M. 3.60.—, geb. M. 4.60.—.

Karl Stauffer-Bern.

Sein Leben, seine Briefe, seine Gedichte.
Von O. Brahm. Nebst Selbstporträt und einem Briefe von
Gustav Freytag. 4. Auflage. Preis M. 4.50, geb. M. 6.—.

Friedrich Rückert.

Gedichte. Auswahl. In Leinen und imit. Halbfrzbb.
geb. M. 4.—.

Johann Gottfried Seume.

Geschichte seines Lebens und seiner Schriften.
Von Oskar Planer und Camillo Reißmann. Mit einem
Porträt nach dem Stiche von Schnorr von Carolsfeld. Ein
stattlicher Lexikon-Oktavband. Broschiert M. 12.—, in Halb-
franz geb. M. 14.—.

Verlag der G. J. Göschen'schen Verlagshandlung in Leipzig.

Lessings sämtliche Schriften.

Historisch-kritische Ausgabe von Lachmann-Muncker. 3. Auflage vollständig in 21 Bänden gr. 8°, geh. je M. 4.50, einf. Halbleder M. 6.—, fein Halbleder M. 7.—.

—— Bis 1900 erschienen Band I — XV. ——

Lessings Werke.

Göschen'sche Original-Ausgaben.

Bibliothekausgabe gr. 8°, 12 Halblederbände	. M.	33.—
—„— gr. 8°, 6 Halblederbände	. „	26.—
Wohlfeile Bibl.-Ausg. gr. 8°, 12 bill. Liebhbde.	„	24.—
Kabinettausgabe 8°, 6 Halblederbände	. „	15.—
—„— 8°, 6 Liebhaberbände	. „	12.—
—„— 8°, 6 feine Leinwandbände	. „	10.—
Billige 8°-Ausgabe 6 Bände in fein. Halblederbd.	„	7.60
—„— in eigenartig vornehmem Liebhaberband	„	6.60
Lessings ausgewählte Werke 2 Bde. i. Prachtbd.	„	2.80
Lessings Meisterdramen, vornehmer Einband	„	3.—

Köln. Zeitung: Die schönste Ausgabe, welche von Lessing bislang besteht . .

Nordd. Allg. Ztg.: Eine der schönsten jetzt existierenden Klassiker-Ausgaben.

Deutsche Rundschau: Eine Ausstattung, wie sich einer solchen bei gleich billigem Preise keine bisherige Ausgabe rühmen kann.

Lightning Source UK Ltd.
Milton Keynes UK
UKHW021045110119
335297UK00012B/1589/P